Canciones
Mexicanas

con acompañamiento para guitarra

Canciones Mexicanas

con acompañamiento para guitarra

editores mexicanos unidos, s.a.

D.R. © Editores Mexicanos Unidos, S.A.
Luis González Obregón 5-B, Col. Centro,
Cuauhtémoc, 06020, D.F.
Tels. 55 21 88 70 al 74
Fax: 55 12 85 16
editmusa@mail.internet.com.mx
www.editmusa.com.mx

Miembro de la Cámara Nacional
de la Industria Editorial. Reg. No. 115.

Primera edición: diciembre 2004
ISBN 968-15-0455-0

Impreso en México
Printed in México

AMÉMONOS

Buscaba mi alma con afán tu alma,
Sol   *2Sol*
buscaba yo la virgen que a mi frente
                              Sol
tocara con sus labios dulcemente,
                    2Sol
en el febril insomnio del amor.
                    Sol
    Buscaba yo la mujer pálida y bella,
                    Si-   *La-*
que mis sueños visitaba desde niño;
2Sol   *Sol*
para partir con ella mi cariño,
                    2Sol
para partir con ella mi dolor.
                    Sol
    Como en la sacra soledad del templo,
              2Do   *Do*
sin ver a Dios se siente su presencia;
2Sol   *Sol*
yo presentí en el mundo tu existencia.
        2Do   *Do*
y como a Dios, sin verte te adoré.
        2Sol   *Sol*
    Amémonos mi bien que en este mundo,
                    Si-   *La-*
donde lágrimas tantas se derraman;
        2Sol   *Sol*

las que vierten quizá los que se aman,
2Sol
tienen un no sé qué de bendición.
Sol

Amar es empapar el pensamiento,
2Do   Do
con la fragancia del Edén perdido;
2Sol   Sol
amar, amar es llevar herido, con un
2Do   Do
dardo celeste el corazón.
2Sol   Sol

Es tocar los dinteles de la gloria,
Si-   La-
es ver tus ojos, es escuchar tu acento;
2Sol   Sol
es llevar en el alma el firmamento,
2Do   Do
y es morir a tus pies de adoración.
2Sol   Sol 2Sol Sol

Amado Nervo

ADIVINANZA

Yo quiero que tú, me adivines
Do   La-Re-2Do Do
quién es la mujer; que mata al mirar, y su
La   Re-2Do Do   La-Re-
boca parece un clavel.
2Do Do   La-Re-2Do

Adivina tú, esta mi adivinanza
Fa   Fa   Do
de amor; dime quién puede ser la mujer,
B.T.S 2Re-   Re-
por quien suspiro yo. Boquita de flor, y
2Sol 2Do Do   La- y Re-
sus ojos pedazos de sol; mirada fatal,
2Do Do   La-Re-2Do-Do La-Re-
cada ceja es un arco triunfal.
2Do   Do   La-Re-2Do

Se parece a ti, sus cabellos son
Fa   Fa-
oros de mies, como tú se ha metido ya
Do B.T.S.-2Re-   Re-
en mí... ¡Adivina quién es!
2Do   Do Sol# Do

Hnos. Martínez Gil

7

ALEVÁNTATE

Alevántate, dulce amor mío, lo que
   La   Si- 2La
yo siento mi bien, es venirte a quitar el

sueño; pero alevántate, y oye mi triste
   La   2Re-
canción; que te canta tu amante, que te
   Re   Re-   La
canta tu dueño, y es por tu amor.
      2La   La
        Lo que te encargo mi bien mien-
        2La
tras viva yo en este mundo, que no ames a
                  Si-   2La La
otro hombre; ni le des tu corazón, pero aleván-
   2La   Re 2La La
tate, y oye mi triste canción; que te canta
   2Re   Re   Re-
tu amante, que te canta tu dueño,
   La   2La
y es por tu amor.
      La

Tata Nacho

AMAPOLA

De amor en los hierros de tu reja,
Mi--   *2Mi*

de amor escuché la triste queja;
               Mi-

de amor que sonó en mi corazón,
  La-   *Mi-*

diciéndome así con su dulce canción.
      2Si   *2Mi*

Tal vez en los hierros de tu reja,
  Mi-   *2Mi*

traidor el amor sintió su queja;
              Mi-

amor que en mi amante corazón,
  La-   *Mi-*

sembró por mi mal una dulce ilusión.
      2Si   *2Mi*

Amapola, lindísima amapola,
    Mi

será siempre mi alma tuya sola;
             2Mi

yo te quiero, amada niña mía,
  La   *2Mi*

igual que ama la flor la luz del día.
                Mi

Amapola, lindísima amapola,

no seas tan ingrata y ámame
                2Fa#   Fa#-
¡Amapola!... ¡Amapola!....
   La-   Mi
¿Cómo puedes tú vivir tan sola?
      2Si   2Mi   Mi Do Mi

José M. Lacalle

AMOR, AMOR, AMOR.

Amor, amor, amor; nació de ti, nació de
    Sol   Mi-   Sol
mí, de la esperanza; amor, amor, amor; nació de
Mi-   2Sol   La-   2Sol
Dios, para los dos, nació del alma.
La-   2Sol   Sol
Sentí que tus besos anidaron en mí,
      Si-   2Si
igual que palomas mensajeras de luz; saber que
                    Si-   Re
tus besos se quedaron en mí, haciendo en tus
           2Re   Mi-   2Re-
labios la señal, de la cruz.
        2Sol
Amor, amor, amor; nació..., etc...
    Sol   Mi-   Sol

Gabriel Ruíz

10

AQUEL AMOR

Aquel amor, que marchitó mi vida,
Do   2Do
aquel amor, que fué mi perdición;
                          Do
dónde andará la prenda más querida,
          2Fa   Fa
dónde andará, aquel, aquel amor.
        2Do   Do

Quiera la virgen que el recuerdo
                2Do
de mis besos con pasión bendiga;
                          Do
que me consagre tan siquiera un
        2Do
pedacito de su corazón.
                    Do

Aquel amor, que marchitó mi vida;
                  2Fa   Fa
donde andará, aquel, aquel amor.
        2Do   Do 2Do Do

Agustín Lara

ALEJANDRA

Soy feliz desde que te vi,
La- Re- 2La   *La-*
te entregué mi amor
Re- 2La
y la calma perdí.
La-

Contemplé tu hermosura ideal,
Re- 2La   *La-*
y sentí por ti;
Re- 2La
un amor sin igual.
La-

Son tus ojos tan hermosos
2Do
y fascinadores al mirar,
Do
tus sonrisas son de almíbar
2La
y tus lindos labios de coral;
La-
con la luz de tu mirar,
Re-
con el fuego del querer,
Do
con la dicha del que sabe amar.
2Do   Do

Soy feliz desde que...etc...
La- Re- 2La
Qué bonitas horas paso yo
La   2La

cerca de ti,
    La

van mis ilusiones a mi mente ya;
                             2La

creo yo ser feliz, si tú compren-
 Si- *2La*   *La*

dieras lo que sufro yo por ti,
 2La   *La*

me dieras la dicha, me hicieras feliz.
Re-   *La*   *2La*   *La*

      Soy feliz desde que...etc...
   La- Re-2La

ERNESTO MORA

ANGELITOS NEGROS

Pintor nacido en mi tierra, con el
Mi-   Re   Do
pincel extranjero; pintor que sigues el
            2Mi   La-
rumbo de tantos pintores viejos.
Mi-   La-   2Mi

Aunque la virgen sea blanca, píntale
Mi-   Re   Do
angelitos negros; pues también se van al
        2Mi   La-
cielo todos los negritos buenos.
Mi- La-   2Mi

Pintor, si pintas con amor, por qué
                                        Do
desprecias su color; si sabes que en el
                Re
cielo también los quiere Dios.
Do   2Mi

Pintor de santos de alcoba, si tienes
Mi-   Re   Do
alma en el cuerpo; por qué al pintar en
        2Mi   La-
tus cuadros, te olvidaste de los negros.
Mi-   La-   2Mi

Siempre que pintas iglesias,
Mi-   Re
pintas angelitos bellos;
Do   2Mi
pero nunca te acordaste
      La-   Mi-
de pintar un ángel negro.
     2Mi   Mi Do Mi

Andrés Eloy Blanco y

Manuel Álvarez Maciste.

AMOR DE LOS DOS

Vivir en el mundo, con una ilusión,
Sol   *2Sol*
es loca esperanza, sufre el corazón;
        Do   *2Sol*   *Sol*
mi vida es tu vida, amor de los dos,
             2Do   *Do*
tú me haces sufrir; ya lo pagarás,
    Do-   *Sol*   *2Sol*
tú no tienes perdón.
          Sol

Perdóname, si te he ofendido,
   2Sol   *Sol*
perdóname, ten compasión; mi vida es tu
   2Sol   *Sol*
vida, amor de los dos. Tú me haces
    2Do   *Do*   *Do-*
sufrir ya lo pagarás, tú no tienes
  Sol   *2Sol*
perdón.
   Sol 2Sol Sol

Gilberto Parra

AMOR DE LA CALLE

Amor de la calle que vendes tus
La-

besos a cambio de amor, aunque tu le
2Re-   Re-

quieras, aunque tu le esperes, él tarda
2La

en llegar; tú olvidas tu pena bailando y
La-

tomando fingiendo reír, y el frío de la
2Re-   Re-

noche, castiga tu alma y pierdes la fe.
La-   2Mi   2La   La

Amor de la calle, que buscando vas
2La   Si-   2La

cariño; con tu carita pintada, con tu carita
La   2La   Si-

pintada y tu corazón herido.
2La   La

Si tuvieras un cariño, un cariño verda-
2La   Si-

dero; tú serías tal vez distinta, como igual
2La La   Si-

a otras mujeres, pero te han mentido tanto.
2La   La

Cuando ya has bebido mucho,
          2DO
vas llorando por la calle;
               Do
si el mundo te comprendiera,
                    2Mi
pero no saben tu pena.
              2La
     Amor de la calle, que
       La   2La
buscando vas cariño; con tu carita
                 La
pintada, con tu carita pintada y tu
    Si-   2La
corazón herido.
          La   Fa La

         ─Fernando Z. Maldonado

18

ADORO

Adoro, la calle en que nos vimos,
La— 2Re— Re—
la noche cuando nos conocimos;
2Do Do
adoro las cosas que me dices,
La— Re—
nuestros ratos felices,
2La
los adoro vida mía.
La—

Adoro, la forma en que sonríes,
2Re— Re—
y el modo en que a veces me riñes; adoro
2Do Do La—
la seda de tus manos, los besos que nos
Re—
damos, los adoro vida mía.
2La La—

Y me muero por tenerte junto a mí,
Fa 2Do Do
cerca, muy cerca de mi, no separarme de ti;
Fa 2Do Do
porque eres mi existencia; mi sentir, eres
Fa 2Do Do
mi luna, eres mi sol, eres mi noche de amor.
Fa 2La

19

Adoro el brillo de tus ojos, y el dulce
La-   2Re-   Re-   2Do
que hay en tus labios rojos; adoro la
                    Do   La-
forma en que me miras, y hasta
                    Re-
cuando suspiras, yo te adoro vida mía.
        2La   La-
        Yo, yo te adoro; vida, vida mía;
    Re-   La-   Re-   2La   La-
yo, yo te adoro; vida, vida mía.
Re-   La-   Re-   2La   La-

Armando Manzanero

A LA ORILLA DE UN PALMAR

A la orilla de un palmar,
Re
yo ví a una joven bella;
2Re
su boquita de coral,

sus ojitos dos estrellas.
Re
Al pasar le pregunté,

que quién estaba con ella;
2Sol   Sol
y me respondió llorando:
Sol-   Re
Sola vivo en el palmar.
2Re   Re
¡Soy huerfanita! ¡Ay!,
2Re
no tengo padre ni madre;
Re
ni un amigo ¡Ay!,
2Re
que me venga a consolar.
Re
Solita paso la vida, a la orilla
2Sol
del palmar; y solita voy y vengo,
Sol   Sol-   Re
como las olas del mar.
2Re   Re 2Re Re

Manuel M. Ponce

ABURRIDO ME VOY

Aburrido me voy, me voy lejos de aquí,
Sol   *2Sol*   *Sol*
donde nadie pregunte por qué te perdí;
                    2Sol
aburrido me voy, para nunca volver,
Do   *2Sol*
donde quiera se muere quien sabe perder.
                Sol

Si te acuerdas de mí, no maldigas mi amor,

que duró solamente lo que dura una flor;
       2Do   *Do*
no preguntes por mí, que no sé a dónde voy;
         Do-   *Sol*
¡Ay, qué triste me marcho!
          2Re 2Sol
¡Qué aburrido me voy!
     Sol

JOAQUIN PARDAVE

ADIOS

Los ojos que tú tienes
Mi   *2Si 2Mi*
son luz de mis amores;
                      Mi
dime si ya no me quieres,
                           2Mi
pa'vivir sin ilusiones.
               La 2Mi Mi
En un momento quiero
                              2Si 2Mi
decirte lo que siento;
                      Mi B.T.S. 2Fa#
yo te juro serte fiel hasta morir,
                              Fa#-
si me amas tú.
    2Mi   Mi
Sublime es el amor
          Do#-   2Do#
que yo he cifrado en ti,
                        Do#-
tú en cambio ni un recuerdo
    La   *2Do#*
guardas para mí.

        Yo quiero
              Do#-
Unir nuestros corazones ya;
    2Do#   *Do#-*

para quererte y adorarte
Mi   *2Si*

sin cesar.
2Mi

    No ocultes tus miradas,
      Mi   *2Si 2Mi*

ni ocultes tus enojos;
              Mi

ven y escucha un momento
                 2Mi

mis palabras a tu oído.
           Mi

   En un momento quiero yo
                2Si 2Mi

decirte lo que siento;
         Mi B.7.S.2Fa#

yo te juro serte fiel hasta morir,
                   Fa#-

si me amas tú.
2Mi   *Mi*

    Alfredo Carrasco

ADIOS MARIQUITA LINDA

Adiós, Mariquita linda,
La
ya me voy porque tú ya no me

quieres como yo te quiero a ti;
2La
Adiós, chaparrita chula,
Si-   *2La*
ya me voy para tierras muy

lejanas y ya nunca volveré.
La
Adiós, vida de mi vida,
B.T.S. 2Si
la causa de mis dolores,
Si-
el amor de mis amores; y el
Re-   *La*
perfume de mis flores
2Mi 2La
para siempre dejaré.
La
Adiós Mariquita linda,

ya me voy con el alma entriste-

cida por la angustia y el dolor;
2La
me voy porque tus desdenes
Si-   *2La*

sin piedad han herido para

siempre a mi pobre corazón.

              La
    Adiós, mi casita blanca,
                B.T.S.2Si
la cuna de mis amores;
           Si-
al mirarte entre las flores,
    Re-   *La*
y al cantarte mis dolores,
               2Mi 2La
te doy mi postrer adiós.
              La

        Marcos Jiménez

ACAPULQUEÑA

Acapulqueña, linda acapulqueña,
La-　　　　2La　　　　　　La-
playera esbelta, pálida y sensual;
　　2Re-　　　　　　　　Re-
en tu mirada ardiente y soñadora,
　　　　2La　　　　　　La-
hay un reflejo de tu ardiente mar.
　　　2La　　　　　　La

Cuando en la playa luces tu silueta
　　　　　　　　　　　　　2La
en el milagro de un atardecer;
　　　　　　La
quisiera ser del mar ola coqueta
　　　　2Re　　　　Re
y tu cuerpo en mis brazos envolver.
　La　　　　2La　　　　　La

Quisiera ser la brisa acariciante,
　　　　　　　　　　　2La
que llegara tus labios a besar;
　　　　　　　La
y en tus rizadas trenzas de azabache,
　　　2Re　　　　　　Re
un rayo de la luna contemplar.
La　　2La　　　　La

Vuelan en la Quebrada las gaviotas,
　　　　　　　　　　　　2La
pañuelos blancos que dicen adiós;
　　　　　　　　　La

y en el sutil encaje de la costa,
       2Re   Re
te dejé para siempre el corazón.
       La   2La   La

        Acapulqueña, linda acapulqueña.
        La-   2La   La-

                Agustín Ramírez

    C E L O S O

        Si no estás conmigo nada importa,
        Re   2Re
el vivir sin verte es morir; si no estás
                        Re
conmigo hay tristezas, y la luz del sol
                   2Re
no brilla igual.
        Re
        Sin tu amor los celos me consumen,
              Sol   Re
y el temor no me deja dormir; dime tú
   2Re   Re   Sol
que hago vida mía, sin tu amor yo voy
               Re   2Re
a enloquecer.
           Re la# Re
                        Johny Albino

28

BARTOLA

Mira Bartola, a'i te dejo esos dos pesos;

Re 2Re
pagas la renta, el teléfono y la luz, de lo que

.... Re
sobre, coges de a'i para tu gasto; guárdame el

.... 2Sol .... Sol .. Sol-
vuelto, pa'comprarme mi "alipuz".

Re .... 2Re .... Re

El dinero que yo gano toditito te lo doy,

.... 2Re .... Re
te doy peso sobre peso, siempre hasta llegar a

.... 2Re
dos; tú no aprecias mi dinero, y lo gastas que

Re 2Sol
da horror; yo por eso no soy rico, por ser des-

.. Sol .... 2Re .... Re 2Re
pilfarrador. .... Mira Bartola..., etc...

.... Re

Si te alcanza pa'la criada, pues le pagas

.... 2Re
de una vez; tienes peso sobre peso aunque no

... Re 2Re
pasen de dos, guardas algo pa'mañana que hay

..... Re 2Sol
que ser conservador; ya verás como hasta aho-

.... Sol .... Sol- .... Re
rras pa'un abrigo de visón.

.. 2Re .... Re 2Re Re

Salvador Flores Rivera

B E S A R

Quién no lo sabe, que nada sabe
La Fa#- La Fa#-
como el besar; quién me lo niega, si es
 La 2Mi
de la vida punto inicial.
   2La

  Te besaré las manos, como el rocío besa
    Si-   2La
los lirios; te besaré la frente, con tibio beso
La   Si-   2La
del corazón. Y bajaré mis labios, has-
  La   Fa#-
ta los tuyos donde me espera el beso más
 La   Mi
ardiente, el beso intenso de la pasión.
2Mi   2La

  Te besaré con ansias, con fiebre loca que
   Si- 2La
da tu boca; no contaré los besos, porque no hay
La   Si- La
cifras en el besar. Y así seguir viviendo,
2Fa# Fa#- Re
seguir amando, seguir besando; hasta que el
Re- La BTS: 2Si
sueño venga, y luego en sueños besarnos más.
Si- 2Mi 2La La
    Fa La

Juan Bruno Tarraza

BONITA

Bonita, como aquellos juguetes que
    Mi   2Do#   Do#-   2La
yo tuve en los días infantiles de ayer,
               La   2Mi   Mi
bonita, como el beso robado, como el llanto
      2Do#   Do#- 2La
llorado por un hondo placer.
La   2Mi   Mi Do Mi

La sinceridad de tu espejo fiel puso
             2La   Si-
vanidad en ti; sabes mi ansiedad y haces
    La   Do#- 2Si
un placer, de las penas que tu orgullo
            2Mi   Fa#-
forja para mí.
    2Mi

Bonita, haz pedazos tu espejo,
    Mi   2Do#   Do#-
para ver si así dejo de sufrir tu altivez.
2La   La   2Mi   Mi Do Mi

Luis Arcaraz

BESO ASESINO

En tu boca de fresa quiero besarte,
Re-   2Re- Re-
con un beso infinito que te estremezca
Sol-   Re-   La#
y haga soñar; que sea un beso que
   2Re- Re-
apague mi sed de amarte, que me en-
2Re-   Re- Sol-
tregue tu vida y te dé mi ansiedad.
  Re- 2La 2Re- Re

Que te deje un recuerdo que no

puedas olvidar, que sea abeja y que
2Re   Re
pique tu boquita de panal; que te robe
Sol 2Sol   Sol
la calma, y te deje sin alma; es un beso
2Re   Re
asesino, el que te quiero dar.
2Re   Re La# Re

Pepe Domínguez

CERRO SUS OJITOS CLETO

Cleto "El fufuy" sus ojitos cerró, todo
Mi   La   2Mi   Mi
el equipo al morir entregó; ¡Cayendo el muer-
La   2Mi   Mi   2Do#
to! soltando el llanto, ¡Voy!,... ni que fuera pa-
Do#-2Do#   Do#-   La
ra tanto, dijo a la viuda el doctor.
Mi   2Mi   Mi

De un coraje se le enfrió, ¡Qué poco
2La
aguante!, lo sacaron con los tenis pa'delante;
La   2Mi   Mi
los ataques que Luchita su mujer había en-

sayado, esa noche como actriz de gran
2Mi
cartel la consagraron.
Mi

Cuando vivía el infeliz, ¡Ya que se
2La
muera! y ahora que está en el veliz: ¡Qué
La   2Mi
bueno era!; sin embargo se veló, y el rosa-
Mi   La
rio se rezó, y una voz en el silencio inte-
Mi   2Si   2Mi
rrumpió:
Mi

¡Ya pasa la botella... no te quedes con
            La   2Mi
ella! y la botella tuvo el final de Cleto....
    La   Mi
¡Murió, murió, murió!....
  La   2Mi   Mi
    Yo creo que Cleto adrede se enfrió,
                 La   2Mi   Mi
pues lo que debe jamás lo pagó; tipo ma-
 La   2Mi   Mi 2Do#
laje, no fué tan guaje, ¡Claro!, con lo caro
Do#- 2Do#   Do#-   La
que está todo, regalado le salió.
  Mi   La   2Mi Mi
    El velorio fue un relajo ¡pura vida!, la
      2La   La
peluca y el café fue con bebida; y empeza-
2Mi   Mi
ron con los cuentos de color para irla pasan-
                                 2Mi
do, y acabaron con que Cleto ya se andaba
chamuscando; se pusieron a jugar a la ba-
      Mi   2La
raja y la viuda en un albur perdió la
La   2Mi
caja; y luego pa'reponer, hasta el muerto
Mi   La
fué a perder, y el velorio terminó ¡Oiga...
   Mi   La

no hay que ser!....
    2Mi   Mi
    Tengo en mi casa a Cleto....
                        La
¡Ay Jijo!...y ahora ¿Dónde lo me-
              2Mi
to?....pero como ya dijo Luz su
      La
señora: ¡Murió, murió, murió!
  Mi   La   2Mi   Mi 2Mi Mi

        Salvador Flores Rivera

CARTA A UFEMIA

Cuando recibas esta carta sin razón,
Mi
Ufemia, ya sabrás que entre nosotros
2Mi
todo terminó; y no la des en recibida
Mi
por traición, Ufemia, te devuelvo tu pa-
2La   *La*   *La-*
labra, te devuelvo sin usarla; y que cons-
Mi   *2Si*
te en esta carta, que acabamos de un jalón.
2Mi   *Mi*
No me escribiste y mis cartas ante-
2Mi
riores no sé si las recibiste; tú me olvidas-
Mi   *2Mi*
te y mataron mis amores el silencio que

les diste; a ver si a ésta si le das contes-
Mi
tación, Ufemia; del amor pa'qué te escribo,
2La   *La*   *La-*   *Mi*
y aquí queda como amigo, tu afectísimo y
2Si
atento y muy seguro servidor.
2Mi   *Mi 2Mi Mi*

Rubén Fuentes y Tomás Méndez

CARIÑO

Cariño, por qué no vienes a mis bra-
Re   BT5 2Mi   Mi-
zos, si tengo el alma hecha pedazos por
                2Re   Mi-
la crueldad de tu desdén, bien sabes que
        2Re   Re   BT5 2Mi
necesito tus caricias y de tus labios las
                Mi-   2Re
delicias que apaguen con tu amor mi sed.
  Mi-   2Re   Re

Si vienes, mi triste noche tendrá estre-
                2Sol
llas, tus ojos pondrán su luz en mis tinie-
Sol   2La   2Re
blas; cariño, por qué no vienes a mis brazos,
        Re BT5 2Mi   Mi-
si tengo el alma hecha pedazos por la
                2Re   Mi-
crueldad de tu desdén.
    2Re   Re La# Re

Dr. Arturo Neri

CANCION MIXTECA

Qué lejos estoy del suelo donde he
Do
nacido, intensa nostalgia invade mi pen-
2Do
samiento; y al verme tan solo y triste
Do   *2Fa*
cual hoja al viento, quisiera llorar, quisiera
            Fa   *Fa-*   *Do*
morir de sentimiento.
2Do   *Do*
    .Oh, tierra del sol!,.. suspiro por
                        2Do
verte, ahora que lejos yo vivo sin luz
Do   *2Do*
sin amor, y al verme tan solo y triste
    Do   *2Fa*
cual hoja al viento, quisiera llorar, qui-
            Fa   *Fa-*   *Do*
siera morir de sentimiento.
        2Do   *Do 2Do Do*

Tino López Alavés

COMPRENDEME

Yo quiero que comprendas vida mía,
Mi   La-   Mi-
que tu amor y mi amor no pueden ser;
                2Mi   Mi-
que quiso ser sincera el alma mía y por
                    La-   Mi-
no herirte a ti, todo callé.
        2Si 2Mi   Mi
    Te tuve una vez muy dentro de mi

corazón y no sé por qué me fui alejando
    2Mi   Fa#-   2Mi
de ti; perdona mi bien si digo toda la
    Mi
verdad, la vida es así y debes de compren-
    2Mi   Fa#-   2Mi
derme. No volverás a escuchar mis pala-
    Mi   Do   Mi
bras de amor, ya no tendrás el sabor de mis
                Do   2Si
besos y quiero decirte hoy que me alejo de
2Mi   Mi
ti, que encuentres al fin quien comprenda
2Mi   Fa#-   2Si   2Mi
tu cariño.
    Mi Do Mi

                        Maria Alma

CARTAS MARCADAS

Por todas las ofensas que me has

Re   2Re
hecho y a cambio del dolor que me quedó,

Re   2Re
por las horas inmensas del recuerdo, te quie-

                                  Re
ro dedicar esta canción.

     2Re   Re

Cantando no hay reproche que nos due-

        Sol   2Re   Re
la, se puede maldecir y bendecir; con mú-

     2Re   Re   Sol
sica la luna se desvela y al sol se le hace

     2Re   Re   2Re
tarde pa'salir.

          Re

Ya no quiero llorar ya no te espero,

                      2Re   Re
ya quiero sonreír quiero vivir; si vamos

          2Re
a gozar yo soy primero y al son que yo

                    Re
les toque han de bailar.

  2Re   Re

Pa' de hoy en adelante yo soy mano,

          Sol   2Re   Re

sólo cartas marcadas he de ver,
2Re   Re
y tú vas a saber que siempre gano;
  Sol   2Re   Re
no vuelvas que hasta a ti te haré
      2Re
perder.
    Re 2Re Re

Chucho   Monje

CONCHA   NACAR

Escondí, Concha Nácar mis penas en
   Mi
ti, y encontré en tu seno calor de mujer;
Fa#-   2Mi   Fa#- 2Mi   Mi
eres tú el espejo donde las sirenas se van
      2La   Si-
a mirar; y en tu afán de llorar, converti-
    La   La-   Mi   2Si
das en perlas tus lágrimas brotan
                2Mi
del mar.
    Mi Do Mi

Agustín   Lara

41

CHULAS FRONTERAS

Andándome yo paseando por las
Mi
fronteras del norte ¡Ay! que cosa tan

hermosa, de Tijuana a Ciudad Juárez,
2Mi
de Ciudad Juárez — Laredo; de Laredo a
Mi
Matamoros, sin olvidar a Reynosa.
2Mi   *Mi*
Una muchacha en el puente, blanca

flor de primavera, me miraba, me miraba;
2Mi
le pedí que me dijera si acaso yo le gus-

taba; pero ella quería otra cosa: le ayuda-
Mi   *2Mi*
ra en la pasada.
Mi
Antes iba al otro lado, a escondi-

das de la gente, pues pasaba de mojado;
2Mi
ahora tengo mis papeles, ya estoy dentro

de la ley tomo el whisky y el tequila
    Mi   *2Mi*

hasta en medio del jagüey.
                       Mi

    Yo les digo a mis amigos: cuando

vayan a las pizcas, no se dejen engañar;
                                   2Mi

con los güeros hagan lana, pero no la

han de gastar; vénganse pa' la frontera,
           Mi   *2Mi*

donde sí van a gozar.
                 Mi 2Mi Mi

        Eulalio González

COLLAR DE PERLAS

Siento en el alma unas ganas inmen-
Sol
sas de llorar; tú me haces falta y juré no
2Sol   La-   2Sol
decírtelo jamás. Yo quiero hacerte con mis
Sol   BTS2La
lágrimas un collar de perlas. Déjame llo-
La-   Do-
rar porque hoy que te perdí, queriéndote
Sol
olvidar me acuerdo más de ti.
2Re-   2Sol   Sol
Si es un delito amar, un delin-
2Sol
cuente soy; ¿por qué no he de pagar
Sol   2Sol
la culpa de mi amor?
Sol
Yo quiero hacerte con mis lágri-
BTS2La
mas un collar de...,etc...

Alfonso Esparza Oteo

44

COPA TRAS COPA

Ando borracho mas lo bueno es que no
Do   2Do
caigo pues me sostiene la fuerza del orgu-
Do   2Do
llo; nunca en la vida tus ojos lo verán.
Do   2Do   Do

Copa tras copa, botella tras botella,
          2Do   Do
conforme tomo me voy reconfortando; serás
    2Do   Do
muy linda mas conmigo eso no vale, nada en
      2Do   Do
el mundo a mí me hará caer.
2Do   Do

Cuando en las noches te decía que te
                              2Do
quería, era mentira nomás te fui tanteando;
Do   2Do   Do
soy golondrina que el espacio va cruzan-
                    2Do   Do
do, nunca en la vida en jaula me verás.
        2Do   Do

Copa tras copa, botella tras botella, confor-
          2Do   Do
me tomo me voy reconfortando; ya me despido
2Do   Do
de tu amor me voy cantando, tus lindos ojos
      2Do   Do   2Do
no me verán caer.
        Do 2Do Do   Rubén Fuentes

45

CIELITO LINDO

De la sierra Morena, vienen bajando
_La_   _2La_
un par de ojitos negros cielito lindo de
contrabando, ¡Ay, ay, ay, ay, ay! vienen
_La_
bajando un par de ojitos negros, cielito
_2La_
lindo, de contrabando.
_La_

Tienes en esa boca, joven divina,
_2La_
dos hileras de dientes, cielito lindo, de
perlas finas, ¡Ay, ay, ay, ay, ay! perlas
_La_
tan raras; que hasta la misma virgen,
_2La_
cielito lindo, las envidiara. ¡Ay, ay,..etc...
_La_
Yo a las morenas quiero, desde que
supe que morena es la virgen, cielito lin-
_2La_
do, de Guadalupe, ¡Ay, ay,..etc... y es
_La_

bien sabido que el amor de morena, cielito
2la
lindo, nunca es fingido. ¡Ay, ay,..etc...
La

Una flecha en el aire tiró cupido, y
2la
la tiró jugando, cielito lindo, y a mí me

ha herido; ¡Ay!, ay, ...etc...árbol de la
La
esperanza, mantente firme; que no lloren
2la
tus ojos, cielito lindo, al despedirme, ¡Ay,
La
ay, ay, ...etc.. porque si miro lágrimas en
2la
tus ojos, cielito lindo, no me despido.
La 2la La

Quirino Mendoza

Nota: 1.- Cielito Lindo "Ranchero"
      2.-   "   "   "Huasteco"
      3.-   "   "   "Huapango"

47

CIELITO LINDO

Pájaro que abandona, cielito lindo,
Sol
su primer nido, si lo encuentra ocupado,
2Sol
cielito lindo, muy merecido.
Sol
¡Ay, ay, ay, ay! canta y no
Do 2Sol
llores, porque cantando se alegran, cielito
Sol   2Sol
lindo, los corazones.
Sol
Ese lunar que tienes, cielito lindo,

junto a la boca, no se lo des a nadie,
2Sol
cielito lindo, que a mí me toca.
Sol
¡Ay, ay, ...etc... Todas las ilusio-

nes, cielito lindo, que el amor fragua, son
2Sol
como las espumas, cielito lindo, que for-

ma el agua. ¡Ay, ay, ay, ...etc...
Sol

Quirino Mendoza

DE COLORES

De colores, de colores se visten

Do
los campos en la primavera; de colores,

2Do
de colores son los pajarillos que vienen

de fuera. De colores, de colores es el

Do
arco-iris que vemos lucir; y por eso

2Fa   **Fa**   **Fa-**
los grandes amores de muchos colores

          Do   **2Do**
me gustan a mí.

    Do

De colores, de colores brillantes y

finos se viste la aurora; de colores, de

      2Do
colores son los mil reflejos que el sol

atesora; de colores, de colores se viste

Do
el diamante que debo lucir y por eso

2Fa   **Fa**   **Fa-**
los grandes amores de muchos colores

          Do   **2Do**
me gustan a mí.

      Do 2Do Do

DESAFIO

Yo sé que tu madre reza porque me
   La-   *2La*
olvides y sé que hasta mi nombre lo ha
   La-   *2Re-*
maldecido; me envidia al mirar cómo te
  Re-   *2La*
quiero, porque como te quiero ni ella mis-
    Re-   *2La*
ma te ha querido ¡Por Dios que sí! ¡Cuán-
      La-   *2La*
to te quiero!
     La

¿Por qué tiene que ser?, que cuando
       La

más se quiere con el alma y corazón no
     2La   *Si-*
falta quien se oponga, respeto su rencor
2La   *La*   *Re-*
de la que tanto me odia pero te quiero, y
              La-   *2La*
perdone usted señora, y perdona usted
         La-   *2La*
señora.
La- 2La La-

Tomás Méndez

DEPENDE DE TI

Yo sé que tú quieres tu luna de
Mi   2Mi
miel y a mi me parece que eso está
Mi   2Mi
bien; un viaje a Acapulco no estaría
Mi   2La
tan mal, allá por Tambuco a la orilla
La   2Si
del mar. Los dos en un bote cantando
2Mi   Mi   2Mi
al amor, esperando el brote de un cáli-
Mi   2Mi
do sol; en traje de baño solitos tú y
Mi   2La
yo, sin interrupción amarnos los dos.
La   2Si   2Mi   Mi
   ¡Ay, qué bonito sería!, estar soli-
        2Do#
tos así; si es lo que tú querías, ¡Depen-
Do#-   2Do#
de de ti!, ¡Depende de ti, mi vida! ¡De-
    Do#-   2Mi
pende de ti!...nomás con que digas que
        Mi
sí mi prietita, ¡Depende de ti!, pasar
2Mi   Mi

juntitos lánguidamente...; Depende de
_{2Mi}
ti!... nomás con que digas que sí, mi
Mi   2Mi
prieta linda...; Depende de ti!.
                        Mi

     Andar en Caleta y en Hornos tam-
                        2Mi
bién, y en pie de la cuesta querernos
Mi   2Mi
después; canciones nocturnas iguales
Mi   2La
que flor, en noches de luna dirán
La   2Si   2Mi
nuestro amor.
Mi

    ¡Depende de ti! ¡Depende de ti!
                2Mi   Mi
nomás con que digas que sí mi muñeca
                        2Mi
¡Depende de ti! ¡De ti!
                Mi   Do Mi

Hernando Avilés

DIME QUE SI

Dicen que tú no me quieres,
Si- 2Mi   Mi-
quiero escucharlo de ti; que tienes otros
2Si   Si- 2Mi
quereres, quiero saberlo por ti.
Mi-   2Si   Si

Dicen que en tu cara morena, tiemblan
2Si   Do#-
otros besos de amor; nada me importa la
2Si   Si
vida sabiéndote ajena, diles que mienten
2Si
que nunca tendrás otro amor.
Si

Deja que mis labios te nombren, quedo
2Si   Do#-
como se nombra a Dios; dime que sí, y un
2Si   Si   Mi
pedazo de cielo tendré, y si tú me lo pides,
2Si   Si   2Fa#
mi cielo y mi vida también te daré.
2Si   Si 2Si Si

Alfonso Esparza Oteo

DESPIERTA

Despierta, dulce amor de mi vida,

Do · 2Do
despierta, si te encuentras dormida;

Re- 2Do · Do
escucha mi voz vibrar bajo tu venta-

2Do
na, en esta canción, te vengo a entre-

Re-
gar el alma.

2Do · Do

Perdona que interrumpa tu sueño;

2Fa · Fa
pero no pude más, y esta noche te

Fa · Do
vine a decir: te quiero, ¡Te quiero!,

2Do · Do · Sol#
¡Te adoro!, ¡Mi vida!.

2Do Do

Gabriel Ruíz

DIA NUBLADO

Ya mis canciones no son alegres,
Mi
ya mis canciones tristeza son;
2Mi
ya me encontré con el sentimiento,

ya me encontré con la decepción.
Mi
Fuiste mi cielo, mas con el tiempo

mi cielo en nubes se convirtió;
2La   La
un día nublado con mucho viento,
2Mi   Mi
entre otras nubes se me perdió.
2Mi   Mi
Si he de morirme sin tu cariño,
2Mi   Mi
dile a la muerte que venga ya;
2Mi   Mi
que al fin y al cabo un día el destino
2Mi
quiera o no quiera, me ha de matar.
Mi
Yo que al tequila le tuve miedo,

hoy me emborracho nomás con él
2Mi
y en cada copa miro una pena,

y en cada pena miro un querer.
Mi
Yo que te adoro quisiera odiarte

mas mi destino es vivir por ti; si he
2La   La
de esperarte aunque nunca vuelvas,
2Mi   Mi
quiero morirme pensando en ti.
2Mi   Mi
Cuando me amabas todo era dicha,
2Mi   Mi
hasta la luna brillaba más; hoy ni la
2Mi   Mi
luna ni el sol me alumbran, hoy todo
2Mi
es pena y obscuridad.
Mi 2Mi Mi

José Alfredo Jiménez

¿DONDE ESTAS, CORAZON?

Yo la quería más que a mi vida, más
La
que a mi madre ¡ay!, la amaba yo y su ca-
2La
riño era mi dicha, mi único goce era su amor.
La-

Una mañana de cruel invierno, entre

mis brazos ¡ay!, se me murió y desde en-
2Re-   *Re-*
tonces voy por el mundo, con el recuerdo
La-   *2La*
de aquel amor.
La

¿Dónde estás, corazón?, no oigo tu pal-

pitar, fue tan grande el dolor que no pue-
2La
do llorar; yo quisiera llorar y no tengo más
La   *2Re*
llanto; la quería yo tanto y se fué para
Re   *La*   *2La*
nunca volver.
La

Yo la quería con toda el alma, como
La-

57

se quiere ¡Ay!, sólo una vez; pero el destino cruel y sangriento, quiso dejarme sin
su querer.

Sólo la muerte acabar pudiera, aquel
idilio ¡ay!, de un tierno amor; y una
mañana de frío invierno, entre mis brazos se me murió.

¿Dónde estás corazón?, no....etc...

Luis Martínez Serrano

DOS ALMAS

Dos almas que en el mundo había
Re-   *Sol-*   *2Re-*
unido Dios; dos almas que se amaban,
     Re-   *2La*
eso eramos tú y yo.
2Re-   *Re-*
     Por la sangrante herida de nues-
            Sol-   *2Re-*
tro inmenso amor; gozábamos la vida
       Re-   *2La*
como jamás se vió. Un día en el camino
2Re-   *Re-*   *2Fa*
que cruzaban nuestras almas, surgió una
         Fa
sombra de odio que nos separó a los dos.
   2La   *2Re-*
     Y desde aquel instante mejor sería
         Sol-
morir; ni cerca ni distante, podremos ya
  Re-   *2La*   *2Re-*
vivir; ni cerca ni distante, podremos
Re-   *Sol-*   *Re-*   *Sol-*
ya vivir.
     Re- 2Re- Re-

Don Fabián

59

DOS COSAS

Tengo yo dos cosas tuyas que te quie-
Do
ro devolver: un rizo de tus cabellos y un
2Do *Re-*   *2Do*
beso que te robé; con el rizo y con el beso
     Do
me has querido aprisionar; es por eso que
      2Fa   *Fa*   *Fa-*
prefiero deshacerme de tus cosas para
   Do   *2Sol*
no volverte a hablar.
2Do   *Do*

    No quiero nada de ti que me recuer-
         2Do
de tu amor; y si algo te prometí, olvida ya
   Do   *2Do*
lo que pasó; el rizo se me ha perdido y no
      Do
lo puedo encontrar, pero el beso sí lo ten-
2Fa   *Fa*   *Fa-*   *Do*
go y si quieres, al momento te lo puedo
        2Sol   *2Do*
regresar.
   Do Sol# Do

Vicente González

DUERME

Duerme, duerme tranquila mi dulce
Re   Si- Mi-   2Re-   Re
bien, que contemplándote con pasión la
Si-   Mi-   2Re-   Re   Si- Mi-
noche pasaré; sueña, sueña mientras yo
      2Re- Re   Si- Mi-   2Re-
te arrullaré con el hechizo de esta can-
   Re   Si- Mi-   2Re-   Re
ción que para ti forjé.
Si- Mi-   2Re- Re

Yo bien quisiera que nada apar-
              2Sol
tarnos pudiera jamás, porque mi amor y
              Sol   2Mi
mi vida y mi todo eres tú, mujercita ideal.
              2La   2Re-

Duerme, duerme mientras yo te
      Re   Si- Mi-   2Re-
arrullaré con el hechizo de esta canción
Re   Si- Mi-   2Re-   Re   Si-
que para ti forjé.   La# Re
Mi-   2Re-   Re

Miguel Prado Paz

61

EL DESPERTAR

Sentir de pronto amanecer
Do
con una inmensa claridad;
Re-
dejar atrás lo que era gris
2Do
para descubrir lo que es verdad.
Do

Poder vivir la realidad

sin el ayer o el qué dirán;
2Fa   Fa
todas esas cosas que pensamos sin
Fa-   Do
pensar, eso es del amor el despertar.
Mi-   2Sol 2Do   Do

Abrir los ojos y soñar
Fa
que tienes todo para amar;
2Fa
sentir que te habla el corazón
Sol-   2Fa
y que puedes dar felicidad.
Fa

Mirar al mundo con bondad,

poder llorar y suspirar; todas esas
2La#   La# La#-

cosas que nos pasan sin sentir,

Fa   La-

eso es en la vida **el despertar.**

2Do   2Fa   Fa

     Querer bailar, querer cantar,

    Do

querer la vida y sonreír;

          Re-

tener un cielo de ilusión

         2Do

y poner tu amor en un altar.

             Do

     Poder vivir la realidad

sin el ayer o el qué dirán; todas

   2Fa   Fa   Fa-

esas cosas que pensamos sin pensar,

      Do   Mi-

eso es del amor, **el despertar.**

   2Sol   2Do   Do Sol# Do

     Martha Roth y

         Rubén Fuentes.

EL TRISTE

Qué triste fue decirnos adiós

Re-   *Sol-*
cuando nos adorábamos más,

2Fa   *Fa*
hasta la golondrina emigró,

    La#
presagiando el final.

  2Re-   *Re-*
Qué triste luce todo sin ti,

    Sol-
los mares de las playas se van;

2Fa   *Fa*
se tiñen los colores de gris,

   La#
hoy todo es soledad.

  2Re-   *Re-*
No sé si vuelva a verte después,

  La#
no sé qué de mi vida será

La-
sin el lucero azul de tu ser

  La#
que no me alumbra ya.

      2Re-
Hoy quiero saborear mi dolor,

     La#
no quiero compasión ni piedad;

  La-

la historia de este amor se escribió
La#
para la eternidad.
2Re   Re-
   Qué triste dicen todos que soy,
                  Sol-
que siempre estoy hablando de ti;
   2Fa   Fa
no saben que pensando en tu amor,
                La#
en tu amor, he podido ayudarme
   2Re-
a vivir; he podido ayudarme a
   Re   Sol-
vivir, he podido ayudarme a vivir.
   Re-   Sol-   Re-

           Roberto   Cantoral

EL REY BOMBON

Es la historia de un castillo con mu-
La   2La   La
rallas de membrillo, con sus patios de al-
2La   La   2La
mendritas y sus torres de turrón.
La   2La   La

Era un rey de chocolate con nariz de
        2La   La   2La
cacahuate y a pesar de ser tan dulce, tenía
      La   2La   La
amargo el corazón.
2La   La

La princesa Caramelo no quería vivir con
        2Do#   Do#-   2Do#
él, pues al rey en vez de pelo, le brotaba pura
Do#-   2Do#   Do#-   2Mi
miel.   En los patios del castillo han
2La   La
sembrado un gran barquillo, y lo riegan tem-
    2La   La   2La
pranito con refresco de limón.
La   2La   La

En el lago la cascada es de azúcar
        2La   La   2La
granulada, y el arroyo en vez de piedras,
    La   2La   La
va arrastrando colación.
        2La   La

66

La princesa Caramelo, a su paje Pirulí;
2Do#   Do#-   2Do#   Do#.
lo mandó con el monarca, a decir por fin
2Do#   Do#-   2Mi
que "sí".   El marqués de Piloncillo,
2La   La
mayordomo del castillo, lo ha limpiado con
2La   La   2La
la lengua para que se case el Rey.
La   2La   La
Aquel Rey al ver su suerte, comenzó
2La   La   2La
a llorar tan fuerte, que al llorar tiró el
La   2La
castillo, y un merengue lo aplastó.
La   2La   La

Francisco Gabilondo Soler

EL REMERO

Adornadita de flores, pásenle señores
Re
quien quiera pasear; no hace falta gasolina
2Re   Sol   Re
pues mi "Golondrina" ya sabe volar.
2Re   Re
Con la garrocha en la mano, remando,

remando, me pongo a cantar; cobro nomás
2Re   Sol
por remero y por cancionero lo que quieran
Re   2Re
dar.
Re   Si a la señora y al patrón
Sol
les ha gustado mi canción, nomás aplaudan
Re   Sol
pa'saber, que yo les canto con placer.
Re   2Re - 2Re
Cobro nomás por remero y por cancio-
Re
nero lo que quieran dar, aunque nací en
2Re   Sol
Xochimilco, mi corazoncito también sabe
Re   2Re
amar.
Re 2Re Re

Chucho Monge

EL REY

    Yo sé bien que estoy afuera pero
el día que yo me muera, sé que tendrás
que llorar..., llorar y llorar..., dirás que
no me quisiste pero vas a estar muy
triste y así te vas a quedar.

    Con dinero y sin dinero, hago siem-
pre lo que quiero y mi palabra es la ley;
no tengo trono ni reina ni nadie que me
comprenda, pero sigo siendo el rey.

    Una piedra en el camino me enseñó
que mi destino era rodar y rodar; después me dijo un arriero, que no hay que
llegar primero sino hay que saber llegar.

    Con dinero y sin..., etc...

José Alfredo Jiménez

EL ROSAL ENFERMO

Junta al pie del muro, donde se sen-
La-   2La
taba cuando me esperaba, había un rosal;
La-   2La   La-
un rosal enfermo que no daba flores; pero
     2Do   Fa
que adornaba con verdes colores; pero que
        2La   Re-
adornaba con verdes colores el blanco mu-
                            La-
ral, el blanco mural.
2La   La

Y entre tantas flores, fue su preferi-
              2La   La
do aquel rosal triste falto de cuidado; le
           2La   La
dió nueva vida lo hizo renacer, y el rosal
        2Re   Re
enfermo pagó sus favores cubriendo la
   Si   2La   Re
tapia de amarillas flores, flores de tris-
2La   La
teza, algo de su ser.
2La   La-

Mas se fue muy lejos y dejó mi
                      2La
amada tristeza en las flores, la casa ...
   La-   2La

cerrada; con su ausencia todo dejó de exis-
La-   2Do
tir y el rosal enfermo falto de cariño lo
Fa   2La   Re-   2La Re-
mismo que un niño, se dejó morir, lo mismo
                              La-
que un niño, se dejó morir.
        2La   La

    ¡Oh, mi bien amada!, ¡Oh, mi virgen-
                    2La
cita!; ¿por qué con tu ausencia todo se
La   2La
marchita? si tu ausencia mata, te ausen-
    La   2Re
tas así; y el rosal enfermo murió de no
    Re   Si
verte, tu ausencia y olvido causaron su
2La Re   2La
muerte, lo mismo, lo mismo, que me
    La   2La
pasó a mí.
    La

            Ricardo Palmerín

EL ABANDONADO

Me abandonaste, mujer, porque soy
   La   2La
muy pobre y por tener la desgracia de
   La   2La
ser casado. ¡Qué voy a hacer, si yo soy
  La   2La
el abandonado!; abandonado, sea por el
        La   Si-   2La
amor de Dios.
     La

Tres vicios tengo y los tengo muy
              2La
arraigados: de ser borracho, jugador y ena-
    La   2La
morado. ¡Qué voy a hacer..., etc...
  La

Si me emborracho, es porque me
            2La
gusta el trago; si tomo vino a nadie
       La   2La
le pido fiado, ¡Qué voy a hacer...etc...
    La

Jesús Martínez

EL AGUAMIELERO

¡El aguamiel!... Ya viene el aguamielero por el cerro de la Cruz, viene a vender su aguamiel antes de la primer luz,
viene a vender su aguamiel, antes de la
primer luz. ¡El Aguamiel!....

Ya viene el aguamielero con sus
cántaros cargados; del aguamiel que es la
madre de los pulques bien curados, del
aguamiel que..., etc... ¡El Aguamiel!

Ya se va el aguamielero, pues su
aguamiel ya vendió; ahora va por su aguamiel que su amor le prometió, ahora va
por su..., etc...

Chucho Navarro

EL AUSENTE

Ya vine de donde andaba, se me
                    Do
concedió volver; a mí se me figuraba
                2Do
que no te volvería a ver, pareces amapo-
                              Do
lita cortada al amanecer.
Fa   2Do   Do
    Si porque vengo de lejos, me nie-
gas la luz del día; se me hace que a
                2Do
tu esperanza le pasó lo que a la mía: por
                              Do
andar en la vagancia, perdió el amor que
                Fa   2Do
tenía.
 Do   Estrellita reluciente, de
la nube colorada; si tienes amor pendien-
                2Do
te, tócale la retirada; ya llegó el que an-
                Do
daba ausente y este no consiente nada.
        Fa   2Do   Do 2Do Do

        Felipe Valdés Leal

74

EL CAMINANTE DEL MAYAB

Caminante, caminante, que vas por los

Mi · 2Mi Mi · 2Mi

caminos, por los viejos caminos del Mayab;

Mi · 2Mi · Mi · Do · Mi

que ves arder de tarde las alas de Xtacay;

2Do# · Do#- · 2Do# · Do#-

que ves brillar de noche los ojos del cocay

2Si · Si · 2Si · 2Mi

Caminante, caminante, que oyes el

Mi · Do Mi · La

canto triste de la paloma azul, y el grito

Mi · La · Mi · 2Mi

tembloroso del pájaro Kukuy.

Mi · Do · Mi

Caminante, caminante, me has de decir

2Mi

si viste, como una nube blanca, que vino y que

Mi · 2Mi · Mi · Do

se fue y si escuchaste un canto, como voz

Mi · 2Mi · Mi · Do

de mujer. Caminante, caminante, tam-

Mi · Do Mi

bién en mi camino la nube blanca ví, también

La · Mi · La · Mi · 2Mi

escuché el canto, pobrecito de mí.

Mi · Do · Mi

Guty Cárdenas

EL MARIACHI

Al mariachi de mi tierra, de mi tie-
Sol
rra Tapatía, voy a darle mi canción; arrulla-
2Sol
do por sus sones, se meció la cuna mía, se
hizo mi alma musical.
Sol
Sus violines y guitarras, en las quie-
tas madrugadas son mi dulce despertar; alma
2Do   Do
virgen del mariachi, cuando escucho sus can-
Do-   Sol   2Re
tares, me dan ganas de llorar.
2Sol
El mariachi suena, con alegre son, oye
Sol   2Sol
cómo alegra y canta una canción; suena el
Sol
arpa vieja,..¡ay, ay, ay!... suena el guita-
Do
rrón; el violín se queja, lo mismo que yo.
Sol   2Sol   Sol

Pepe Guízar

ESCARCHA

Mira, corta esos males, la doliente an-
La- Re- La- Re-
siedad que me fatiga; mira, yo te idolatro,
La- 2La La- Re- La-
aun cuando tu desprecio me castiga.
Re- La- 2La La

Cuando la escarcha pinte tu dolor,
2La
cuando ya estés cansada de sufrir, yo ten-
Si- 2La La
go un corazón para quererte, que es nido
Si- 2La Si-
donde tú puedes vivir.
2La La

Blando diván de tul, aguardará tu
2La Si-
exquisito abandono de mujer; yo te sabré
2La La Bfs. 2Si
querer, yo te sabré besar y yo haré
Si- 2La
palpitar todo tu ser.
La Fa La

Agustín Lara

ESCÁNDALO

Porque tu amor es mi espina, por las
Mi-
cuatro esquinas hablan de los dos; que es
La-   Mi-   2Sol
un escándalo dicen y hasta me maldicen
Sol   2Si
por darte mi amor.
2Mi

No hagas caso de la gente, sigue la
Mi-
corriente y quiéreme más; con eso tengo
2La   La-   2Mi
bastante, vamos adelante sin ver qué dirán.
Mi-   2Si   2Mi   Mi-

Si yo pudiera algún día, remontarme
2Sol
a las estrellas; conmigo te llevaría a donde
Sol   Do
nadie nos viera.
2Mi

No hagas caso de la gente, sigue la
Mi-
corriente y quiéreme más; que si esto es es-
2La   La-   2Mi
candaloso, es más vergonzoso no saber amar.
Mi-   2Si 2Mi   Mi-

Rubén Fuentes

ETERNAMENTE

Pensar que todo tengo y nada pue-
Do   Mi-   Re-
do yo tener: la vida me da flores; el sol
    2Do   Do   2Do
me da su luz, pensar que nada tengo y to-
        Do   Mi-
do puedo yo tener; porque lo tengo todo, pe-
Re-   2Do   Do   2Sol
ro me faltas tú.
        2Do

Dime vida, si tú sufres por mi amor,
        Do
si una duda llega tu alma a atormentar;
                                2Do

recuerda, que como a nadie yo te quiero, que
    Re-   2Do   Do
tú vivirás en mi corazón una eternidad.
    2Do   Do

Tú bien sabes que los años pasarán, pero

nunca que yo te olvide lograrán; pues tuyo se-
                        2Do   Re-
rá mi amor eternamente y para los dos, la
        2Do   Do   2Do
felicidad tendrá que brillar.
                    Do Sol# Do

Alberto   Martínez

ESPAÑOLERIAS

Patio que huele a noviazgo, a coplas, a

La-

rosas y a flores de azahar; la noche es ca-

2La

pa española que con su negrura te supo

La   Fa

embozar.

2La   Como un clavel que revien-

La

ta, tu boca sangrienta un beso me dió, y

2La

en ese beso quedaron la noche, las coplas,

las rosas y yo.

La   Tras de las rejas de

encajes, los tiestos y flores pudieron oír;

Mi

lo que en un majo suspiro, suspiro del al-

2Mi

ma te quiso decir.

Mi

Repicar de castañuelas, que el patio

La

gitano de fiesta llenó; beso que ha sido

2La

el más mío, aquel que tu boca temblando

me dio.

　　La

　　Algo que fue más que un beso,
　　2Re-

algo que es más que besar; beso que de-
　　2Mi　　　　　　　2La

jó en mi vida guitarras y coplas y
　　La　　　　　　　　　　2La

flores de azahar.
　　　　　La 2La La

Agustín Lara

81

FLOR DE AZALEA

Como espuma que inerte lleva el cau-
Sol-
daloso río, Flor de Azalea, la vida en su
2Do- Do-   2Sol
avalancha te arrastró; pero al salvarte,
Sol-   Do-
hallar pudiste protección y abrigo, donde
Sol-
curar tu corazón herido por el dolor.
2Re   2Sol   Sol-
Tu sonrisa revela el paso de las horas
2Do-
negras, tu mirada, la más amarga desespe-
Do-   2Sol
ración; hoy para siempre, quiero que olvides
Sol-   Do-
tus pasadas penas y que tan sólo tenga ho-
Sol-
ras serenas tu corazón.
2Re   2Sol   Sol-
Quisiera ser la golondrina que al ama-
2La#
necer, a tu ventana llega para ver a través
La#   2La#
del cristal; y despertarte muy dulcemente, si
La#   Do-
aún estás dormida, a la alborada de una nue-
Sol-   2Re
va vida, llena de amor.
2Sol   Sol- 2Sol Sol-

Manuel Esperón

FALSARIA

Cuán falso fue tu amor, me has
Sol-
engañado; el sentimiento aquel era fin-
2Sol
gido, sólo siento mujer haber creido
Sol-   *2Do-*   *Do-*
que eras el ángel con el que había
        Sol-   *2Re-*   *2Sol*
soñado.
Sol-   ¿Conque te vendes, eh?, ¡no-
ticia grata!, no por eso te odio ni te
        2Sol
desprecio; aunque tengo poco oro y poca
    Sol-   *2Do-*
plata, en materia de compra soy un ne-
Do-   *2Re-*
cio; espero que te pongas más barata, que
2Sol *Do-*   *Sol-*
al fin un día, bajarás de precio.
        2Re-   *2Sol*   *Sol- 2Sol Sol-*

Hnos. Martínez Gil

FLOR SILVESTRE

Flor silvestre y campesina, flor sencilla
Re-
y natural, nadie te cree una flor fina por vi-
Do   La#
vir junto al nopal; no eres rosa, no eres lirio,
2Re-   Re-
mucho menos flor de lis; tu perfume es mi mar-
Do
tirio y con él me haces feliz.
La#   2Re-
Como tú, mi flor silvestre; hubo en la tierra
Re-   2Re-
un amor, nunca supo de la suerte y sí mucho del
Re- 2Re-   Re-   Do   La#
dolor. Flor humilde, flor del campo, que engalanas
2Re-   Re-
el zarzal; yo te brindo a ti mi canto, florecita an-
Do   La#
gelical, mientras duermes en el suelo te prote-
2Re-   Re-
ge el matorral; el cardillo y cornizuelo, forman tu
Do   La#
valla nupcial.   Siempre has sido mi esperan-
2Re-   Reza, linda flor espiritual; yo te brindo mi confian-
2Re-   Re- 2Re-   Reza, florecita del zarzal.
Do   La#   2Re- Re-

Los Cuates Castilla

84

FAROLITO

Farolito, que alumbras apenas mi
Mi   Sol#-   Mi
calle desierta; cuántas noches me has
Sol#-   Fa#-   2Mi
visto llorando, llamar a su puerta.
      Fa#-   2Mi   Mi BTS:-
   Sin llevarle más que una canción,
      2Fa#   Fa#-
y un pedazo de mi corazón; sin llevar-
      2Fa#   Fa#-   La-
le más nada que un beso, friolento y
                      Mi
travieso, amargo y dulzón.
   2Si   2Mi   Mi 2Mi Mi
                              Agustín Lara

FLOR

Flor se llamaba, flor era ella; flor de los
   La   2La   La   2Fa#
bosques en una palma, flor de los cielos en una
                  Fa#-   2Mi
estrella; flor de mi vida, flor de mi alma.
   2La   La
      Murió de pronto mi flor querida, erré el sen-
                  2La   La
dero, perdí la calma y para siempre quedó mi vi-
2La   La   Re-   La
da sin una estrella, sin una palma.
      2La   La 2La La
                              Guty Cárdenas
                                          85

FALSA

Quise hallar en otras bocas el alivio
Re
al cruel daño que tu engaño me causara
Mi- *2Re* *2Re* *Re*
y al buscar en el aliento de otras bocas,
2Re
el perfume que embriagara mis tristezas.
Mi- *2Re* *Re*
Encontré que también ellas mentían,
2Re
que fingían como tú lo hacías conmigo;
Re
finalmente, comprendo que en la vida, todo
2Sol *Sol* *Sol-*
es falso, pero tú eres mucho más.
Re *2La* *2Re* *Re* *La# Re*

Juan B. Leonardo

GUADALAJARA

Guadalajara, Guadalajara, Guadalajara,
Sol   Re#
Guadalajara; tienes el alma de provinciana, hue-
Sol   Do
les a limpio, a rosa temprana, a verde jara fresca
2Sol
del río; son mil palomas tu caserío, Guadalaja-
Sol   2Sol   Sol
ra, Guadalajara, hueles a pura tierra mojada.
Re#   Sol

¡Ay, ay, ay!....¡Ay, ay, ay!....¡Ay, ay,
2Sol   Sol   2Sol   Sol   2Sol
ay!....¡Ay, ay, ay!....
Sol   2Sol   Sol
¡Ay!, colomitos lejanos,..¡Ay!, ojitos de
2Re   Re   2Re
agua hermanos;..¡Ay!, colomitos inolvidables, in-
Re   2Re   Re
olvidables como las tardes en que la lluvia des-
2Re   Re   2Re
de la loma no nos dejaba ir a Zapopan.
Re   2Re   Re
¡Ay, ay, ay!....etc....
2Sol   Sol
¡Ay!, Zapopitan del alma, nunca escuché
2Re   Re   2Re
otras campanas como las graves de tu convento,
Re   2Re   Re

donde se alivian los sufrimientos; triste Zapo-
    2Re   Re   2Re
pan, misal abierto, en que son frailes mis pen-
                Re   2Re
samientos. ¡Ay, ay, ... etc....
  Re   2Sol

     ¡Ay!, Tlaquepaque pueblito, tus olorosos
       2Re   Re   2Re
jarritos hacen mas fresco el dulce tepache
 Re   2Re   Re
para la birria junto al mariachi que en los
    2Re   Re
parianes y alfarerías, suenan con triste melan-
2Re   Re   2Re
colía. ¡Ay!, ay, ... etc....
 Re   2Sol

     ¡Ay!, laguna de Chapala, tienes de un
      2Re   Re   2Re
cuento la magia; cuento de ocasos y de albora-
      Re   2Re   Re
das, de enamoradas noches lunadas; quieta Cha-
         2Re   Re
pala es tu laguna, novia romántica como nin-
2Re   Re   2Re
guna. ¡Ay!, ay, ...etc.....
 Re   2Sol
     Guadalajara, Guadalajara.
      Re#   Sol 2Sol Sol

                   Pepe Guízar

GRANADA

Granada, tierra soñada por mí,
La-
mi cantar se vuelve gitano cuando
Sol
es para ti; mi cantar, hecho de fantasía,
Fa   Mi   *Fa   Mi*
mi cantar, flor de melancolía,
Fa
que yo te vengo a dar........
Mi
Granada, tierra ensangrentada
Do
en tardes de toros, mujer que conserva
2Do   *Re-*
el embrujo de los ojos moros;
2Do   *Do*
te sueño rebelde y gitana cubierta

de flores y beso tu boca de grana,
Mi-   2Mi   *Mi-*
jugosa manzana que me habla de amores.
2Mi   *Mi- 2Do*
Granada, Manola cantada en coplas
Do
preciosas, no tengo otra cosa que darte
2Do   *Re-*   *2Do*
que un ramo de rosas;
Do

de rosas de suave fragancia
2Fa   Fa
que le dieran marco a la Virgen morena
Fa~   Do   2Do   Do
    Granada, tu tierra está llena
        Fa~   Do
de lindas mujeres, de sangre y de sol.
            2Do   Do 2Do Do

Agustín   Lara

GRACIA PLENA

Todo en ella encantaba, todo en ella atraía,
La · 2La · La
su mirada, su gesto, su sonrisa, su andar;
2La · Si- · 2La
el ingenio de Francia de su boca fluía,
La · 2La · La
era llena de gracia como el Ave María;
Fa · La
quién la vió, no la pudo ya jamás olvidar.
Re · La · 2La · La

Ingenua como el agua, diáfana como el
Mi · 2Mi
día, rubia y nevada como margarita sin par;
Mi · 2Mi · Mi · 2Mi · 2La
al influjo de su alma, celeste amanecía;
La · 2La · La
era llena de gracia como el Ave María,
Fa · La
quién la vió, no la pudo ya jamás olvidar.
Re · La · 2La · La

Cuánto, cuánto la quise, por diez años
2La
fue mía, pero flores tan bellas nunca pueden
La · Re · 2La · Si- · 2La
durar; era llena de gracia como el Ave María,
La · Fa · La

91

Y a la fuente de gracia de donde
2La

procedía, se volvió, como gota que se vuelve
La   Re   La   2La
a la mar.
La

Amado Nervo

BÉSAME MUCHO

Bésame, bésame mucho, como si fuera est
La-   2Re-   Re-
noche la última vez; bésame, bésame mucho
2La   La- 2Re-   Re-
que tengo miedo perderte, perderte después.
La-   Fa   2La   La-
Quiero tenerte muy cerca, mirarme en tu
Re-   La-
ojos, verte junto a mí; piensa que tal vez mañ
2La   La- Re-   La
yo ya estaré lejos, muy lejos de ti.
2Mi   2La
Bésame, bésame mucho, como si...etc..
La-   2Re-   Re-

Consuelo Velázquez

GAVILAN O PALOMA

No dejabas de mirar y estabas sola,
DO   Mi-   DO
completamente bella y sensual; algo me
Mi-   DO   Re-
arrastró hacia ti como una ola, y fui y
2DO   Re-   2DO
te dije ¡Hola! ¡Qué tal!....
                        DO

Esa noche entre tus brazos caí en la
                              Mi-
trampa, cazaste al aprendiz de seductor
DO   2DO
y me diste de comer sobre tu palma,
                    Re-   2DO
haciéndome tu humilde servidor.
                        DO

Amiga, hay que ver cómo es el amor,
                                    Mi-
que vuelve a quien lo toma, gavilán o paloma;
2Fa   Fa
pobre tonto, ingenuo charlatán, que fui paloma
                        2DO   Re-
por querer ser gavilán.
            2DO
Fui bajando lentamente tu vestido,
DO   Mi-   DO

y tú no me dejabas ni hablar, solamente
suspirabas:¡te necesito; abrázame más fuert
más y más!

    Al mirarte me sentí desengañado,
sólo me dió frío tu calor;
lentamente te solté de entre mis brazos,
y dije: "estate quieta, por favor."

    Amiga, hay que ver cómo es el....etc..

HAY UNOS OJOS

Hay unos ojos que si me miran,
La
hacen que mi alma tiemble de amor; son
2La
unos ojos tan primorosos, ojos más lindos
Si-   2La   Re   2La
no he visto yo, y todos dicen que no te
La
quiero, que no te adoro con frenesí; y yo
2La
les digo que mienten, mienten, que hasta
Si-   2La   Re
la vida daría por ti.
2La   La

¡Ay!, quien pudiera mirarse en ellos,

¡Ay!, quien pudiera besarlos más; gozando
2La
siempre de sus destellos, que ojos más
Si-   2La   Re
bellos no he visto yo.
2La   La
Y todos dicen que no te....etc....

Tata Nacho

95

HOJA SECA

Tan lejos de ti, me voy a morir; tan le-
La-   Re-   2La   La-
jos de ti, no voy a vivir; entré a ésta taberna,
Re-   2La   La-   2Re-
tan llena de cosas queriendo olvidar, pero ni
                              Re-
las copas, señor tabernero, me hacen olvidar.
La-   2La   La

Me salgo a la calle buscando un consue-

lo, buscando un amor; pero es imposible, mi fe
           Si-   2La
es hoja seca que mató el dolor.
              La

No quiero buscarte ni espero que lo ha-

gas, pues ya para qué; se acabó el romance,
            Mi   2Mi
mataste mi vida, se acabó el amor.
                         2La

Si acaso mis ojos llenos de tristeza pu-
    La
dieran llorar; pero es que en mi vida yo
         Si-   2La
nunca he llorado por ningún querer.
                            2Fa#

Ya que es imposible dejar de quererte,
           Re   Re-   La BTS.
señor tabernero, sírvame otra copa, que quiero
2Si   Si-   2La
olvidar.   Dr. Roque Carbajo
La Fa La

HUMO EN LOS OJOS

Humo en los ojos, cuando te fuiste;
Do
cuando dijiste, llena de angustia: "yo

volveré." Humo en los ojos, cuando vol-
2Do   Re
viste; cuando me viste, antes que a na-
2Do
die, no sé por qué.

Humo en los ojos, al encontrarnos;
Do

al abrazarnos el mismo cielo se estre-
2Fa
meció, humo en los ojos, niebla de au-
Fa   Fa
sencia que con la magia de tu presencia
Do   2Sol   2Do
se disipó.
Do Sol# Do

Agutín Lara

HERIDA DE AMOR

Qué dolor dejaste en mi, sin tu
La   Do#-   Si-
amor todo es sufrir; mi alma la sien-
2La   La
to que toda se me hace pedazos, no sé
                          Si-   2La
como puedo vivir sin estar en tus brazos.
        Si-   2La   La

Que dolor dejaste en mi, sin tu
                Do#-   Si-
amor todo es sufrir; no sé que le de-
2La   La   2Re
bo a la vida que así me castiga, me
        2Re-   Re   Re-
deja una herida; una herida de amor,
            La   2Mi   2La
que nadie mitiga.
        La Fa La

Claudio Estrada

" INGRATA PERJIDA "

Ingrata "pérjida," romántica inso-
<small>Sol</small>
luta; tú me "estrujastes" todito el cora-
<small>2Sol</small>
zón y yo benévolo, hablábate de amores
<small>Sol</small>   <small>2Do</small>   <small>Do</small>
y decíate mi anémica pasión.
<small>2Sol</small> <small>Sol</small>   <small>2Sol</small>   <small>Sol</small>

    Burlábates todita de mi ánimo
          <small>2Sol</small>
extasiado; andábates creyendo que iría-
<small>Sol</small>   <small>2Sol</small>
me yo a matar, pero fallóte y ecuánime
     <small>Sol</small>   <small>2Do</small>
reprocho tu "intrínsico" deseo, que indúce-
<small>Do</small>   <small>2Sol</small>   <small>Sol</small>   <small>2Sol</small>
me a olvidar.   Salga lo que salgare,
    <small>Sol</small>   <small>2Sol</small>
ahora te involucro en las sucias "maniobrias"
        <small>Sol</small>   <small>2Sol</small>
que "usates" para mí, ingrata "pérjida," pa-
       <small>Sol</small>
labras no son obras; ahora tú me sobras y
<small>2Do</small>   <small>Do</small>   <small>2Sol</small>   <small>Sol</small>
yo te falto a ti.
<small>2Sol</small>   <small>Sol 2Sol Sol</small>

Salvador Flores Rivera

IMPLORACION

Yo te vengo a pedir, Virgencita de
   Sol
Talpa, que me vuelva a querer, que no sea
2Sol   La-   2Sol
ingrata, he venido a tu altar, a pedirte el
    Sol   BTS-2La
milagro de que no me abandone su corazón.
  La-   Do-   Sol 2Re 2Sol Sol

Con santa devoción y arrodillado,
          2Mi   Mi-
imploro tu perdón a mi pecado; tú que
         2Mi   Mi-
todo lo puedes, haz que regrese, que vuelva
     2Re   Re
a ser como antes y que me bese.
     2Re   2Sol

Y si no me la traes, vale más
      Sol   BTS-2La
que se muera; ya que su alma no es
   La-   Do-
mía, que sea de Dios.
Sol 2Re 2Sol   Sol 2Sol Sol

M. Alvarez Maciste

IMPOSIBLE

Yo sé que es imposible que me
Mi-   *2Mi*
quieras, que tu amor para mí fue pa-
Mi-   *2La*
sajero y que cambias tus besos por
La-   *2Sol*
dinero, envenenando así mi corazón.
Sol   *Do*   *2Mi*

No creas que tus infamias de
Mi   *Sol#-*
perjura, incitan mi rencor para olvi-
Fa#- *2Mi*
darte; te quiero mucho más en vez
Mi   *2La*
de odiarte y tu castigo se lo de-
La   *La-*   *Mi*   *2Si*
jo a Dios.
2Mi   *Mi Do Mi*

Agustín Lara

JUGUETE DE AMOR

Mi vida es un bazar con juguetes de
    Do
amor, mi vida es un bazar donde anida el
  2Do   Re-   2Do
amor; mi juguete de amor, siempre fuiste
  Do   2Fa
mujer y jugando a querer te adoré con
    Fa   Fa-   Do   2Sol 2Do
fervor.   He jugado a querer, he jugado
  Do   2La
a besar, se acabaron mis juegos, comenzó mi
   La-   2Sol
penar; mi penar es amarte sin poderte
  2Do   Do   2Fa
olvidar, con muñecas de amor no se puede
  Fa   Fa-   Do   2Sol 2Do
jugar.
  Do Sol# Do

Luis Arcaraz

JANITZIO

Son las redes de plata, de un encaje tan
La-
sutil, mariposas que duermen en las noches de
2La
zafir; como brilla la luna sobre el lago de cris-
La-   2Re-
tal, así brillan tus ojos cuando acaban de llo-
Re-   La-   2La
rar.
La
      Noches de serenata, de plata y or-
gandí, quejas para la ingrata que por traidor
2La   Si-   2La
perdí; plenilunio de gloria de historia que se va,
La   Mi
ilusión que se pierde y que nunca volverá.
        2Mi   2La
      Si me mata tu ausencia, si me ahoga la
                      La
inquietud, si no tienes clemencia para esta es-
    2La   Si-   2La
clavitud; que las aguas se lleven mi llanto y mi
    La   2Re
dolor, que recoja Janitzio el perfume de mi amor,
  Re   Re-   La   2La   La
que recoja Janitzio el perfume de mi amor.
Re-   La   2La   La 2La La

                    Agustín Lara

LA BIKINA

Solitaria camina la Bikina, la gente se
　　Mi　　　　　　　　　　　　　2Do#　　　Do#-
pone a murmurar; dicen que tiene una pena,
　　　　　2La　La　　　　2Mi　　　　Mi
dicen que tiene una pena que la hace llorar.
2Si　　　　　　　　　　　　　　　　　2Mi

Altanera, preciosa y orgullosa, no permi-
　　　Mi　　　　　　　　　　2Do#　　　Do#-
te la quieran consolar; pasa luciendo su real
　　　　　　2La　La　　2Mi　　　　Mi
majestad, pasa, camina y los mira sin verlos ja-
　La　2Si　　　　　　2Mi
más.
Mi　　　　　La Bikina, tiene pena y dolor; la
　　　　　Do 2Sol Sol 2Sol　　　　　Sol Do
Bikina, no conoce el amor.
2Sol Sol Do　　　　　2Mi

Por la playa camina la Bikina, mientras
　　Mi　　　　　　　　2Do#
tanto la gente al murmurar; dicen que alguien
Do#-　　　　　　2La　La　　2Mi
ya vino y se fue, dicen que pasa las noches
　Mi　　　　La　2Si　　　　　　2Mi
llorando por él, dicen que pasa las noches llorando
　　　　Mi　2Si　　　　　2Mi
por él.
Mi 2Mi Mi

Rubén Fuentes

LA BODA DE VECINDAD

Se casó Tacho con Chencha la del

Mi
ocho, del uno hasta el veintiocho armaron un

2Mi
fiestón; engalanaron la vecindad entera, Pa-

Mi
chita la portera cobró su comisión.

2Mi   Mi

El patio mugre ya no era basurero,

La   Mi
quitaron tendederos y ropa de asolear; la

2Mi   Mi
pulquería "Las Glorias de Modesta", cedió fla-

La   Mi
mante orquesta pa'que fuera a tocar.

2Mi   Mi

Chencha lució su vestido chillante,

La   Mi
que de Charmés le mercó a Don Abraham;

La   Mi
mas con zapatos se me iba pa'delante, pero

La   Mi
iba re-elegante del brazo de su apá.

2Mi   Mi

Al pobre Tacho le quedó chico el tra-

je y aunque hizo su coraje, así fué a la

2Mi

105

función en el fortingo del dueño del garage,
  Mi
partió la comitiva a la iglesia "La Asunción".
  2Mi   *Mi*
       Case Rufino fue la fotografía, que
            La   *Mi*
por cuenta corría del padrino Don Chón; lue-
          2Mi   *Mi*
go el fortingo sufrió seria avería, volvieron
   La   *Mi*
en tranvía y los novios en camión.
 2Mi   *Mi*
      Mole y pulmón nos dieron case
          La
Cuca, y hubo danzón con la del veintidos; de
Mi   *La*   *Mi*
allí los novios partieron pa'Toluca, feliz
  La   *Mi*
viaje de bodas deseamos a los dos.
 2Mi   *Mi 2Mi Mi*

Salvador Flores Rivera

LA INTERESAD

Si yo te baj
Re
que te dabas, si te baja.
2Re
blos la cargabas; si te baja.
Re
vida mía, te deslumbrabas, me
Sol   Sol-
jo el sol, ni la luna, ni la estrella,
Re   2Re
no te pase nada; mejor no te bajo el
Re   Sol   Re
ni la luna, ni la estrella, no seas tan inz.
2Re
resada.
Re

Si a ti te ofreciera el mar, yo te

apuesto que te ahogabas, si te ofreciera
2Re
un millón, la manota que estirabas; si te
Re
llevo a Nueva York de seguro allí me dejabas,
2Sol   *Sol*
mejor no te ofrezco el mar, ni el millón, ni
Sol-   *Re*
Nueva York, pa'que no te pase nada; mejor
2Re   *Re*   *Sol*

no te ofre
va York,
2Re

dota

ció

r

107

zco el mar, ni el millón, ni Nue-

Re

no seas tan interesada.

Re

Si yo te diera mi amor, la arma-

que te dabas, si te hiciera una can-

2Re

, con el otro la cantabas, si te habla-

Re

con pasión, que soba me acomodabas;

2Sol   *Sol*

mejor no te doy mi amor, ni te hago una

Sol-   *Re*

canción pa'que no te pase nada; mejor no

2Re   *Re*   *Sol*

te doy mi amor y le sigo al vacilón, tú

2Re   *Re*   *2Re*

eres muy interesada.

Re 2Re Re

Salvador Flores Rivera

LA CANCION MEXICANA

   Hoy que lleno de emociones me encuen-
         Sol
tro con mi jarana, voy a rendir homenaje a
   2Sol   Sol
la canción mexicana; voy a rendir homenaje
              2Sol   Do
a la canción más galana, la canción más

primorosa, que es la canción mexicana.
      2Sol   Sol
   Pa'hacer pesos de a montones no hay

como el americano, pa'conquistar corazones
   2Sol   Sol
no hay mejor que un mexicano y cómo es
                       2Sol   Do
que lo consiguen, si no cantando canciones,

como es el Cielito Lindo que alegra los corazones.
              2Sol   Sol
   No hay otra cosa más linda que en las

mañanitas frías, cantarle a mi rancherita
2Sol   Sol
mañanitas tapatías; que nos traen mucha
              2Sol   Do
alegría, que emociona el cuerpo mío, que los

sones abajeños de esta linda tierra mía.
                          2Sol   Sol
   Es la canción mexicana la que se
                                2Sol
merece honor, por ser la más primorosa y
              Sol
alimento en el amor; hay canciones extran-
                      2Sol   Do
jeras pero ni una se compara con esta
                                2Sol
dulce canción:
              Sol
   "Que si Adelita quisiera ser mi novia
                          2Sol   Sol
y si Adelita fuera mi mujer, le compraría
           Do   2Sol
un vestido de seda, para llevarla a bailar
              Sol   2Sol
al cuartel."
         Sol 2Sol Sol

            Eduardo Guerrero

LA MARCHA DE LAS LETRAS

Que dejen los niños los libros abier-
La ... *2La*
tos, ha sido la orden que dio el general;
La ... *2La* ... *La*
que todos los niños estén muy atentos,
2La ... *La*
las cinco vocales van a desfilar.
2La ... *La*

Primero verán que viene la A, con
2La
sus dos patitas muy abiertas al marchar;
Si- ... *2La* ... *La*
le sigue la E, alzando los pies, el palo de
Do# ... *2Do#*
enmedio es más corto como ves.
Do# ... *2La*

Y viene la I, le sigue la O, una es
La ... *2La*
flaca y la otra gorda porque ya comió; y
La
luego hasta atrás, llegó la U, como la cuer-
2Re ... *Re* ... *Re-* ... *La*
da con que siempre saltas tú.
2Mi ... *2La* ... *La*

Francisco Gabilondo Soler

LA BARCA DE ORO

Yo ya me voy, al puerto donde
Mi
se halla la barca de oro, que debe
2Mi
conducirme, ¡yo ya me voy!, sólo
Mi
vengo a despedirme, ¡adiós mujer!;
2La   La   La-   Mi
¡Adiós, para siempre adiós!.
2Si   2Mi   Mi

No volverán tus ojos a mirarme,
2Mi   Mi
ni tus oidos escucharán mi canto; voy a
2Mi   Mi
aumentar los mares con mi llanto, ¡adiós,
2La   La   La-
mujer!, ¡Adiós para siempre adiós!.
Mi   2Si   2Mi   Mi 2Mi Mi

Abundio Martínez

LA BARCA DE GUAYMAS

Al golpe del remo se agita en las olas
Re
ligera la barca, al ruido del agua se ahonda
2Re
mi pena y solloza mi alma; por tantos pesa-
Re   2Sol
res mi amor angustiado llorando te llama, y
Sol
te hallas muy lejos, y sola, muy sola, se en-
Sol-   Re   2Re
cuentra mi alma.
Re
Cansado viajero que tornas al puerto de

tierras lejanas, que extraño piloto condujo mi
2Re
barca sin vela y sin ancla; de qué región
Re
vienes que has hecho pedazos tus velas tan
2Sol
blancas, y tú estás cantando; yo vengo
Sol   Sol-   Re
trayendo, la muerte en el alma.
2Re   Re
Yo soy el viajero que alegre de Guay-

mas salió una mañana, llevando en mi
2Re

barca como ave piloto mi dulce esperanza;
                                        Re
por mares ignotos mis santos anhelos
                2Sol
hundió la borrasca, por eso están rotas
              Sol   Sol-   Re
las velas y traigo la muerte en el al-
              2Re   Re
ma; por eso están rotas las velas y trai-
        Sol-   Re   2Re
go la muerte en el alma.
                    Re 2Re Re

LA ENORME DISTANCIA

Estoy tan lejos de ti y a pesar de la
Do   2Do   Do
enorme distancia, te siento juntito a mí, cora-
2Do
zón, corazón, alma con alma y siento en mi
Do
ser tus besos, no importa que estés tan lejos.
2Do   Do
Estoy pensando en tu amor y a lo loco
2Do   Do
platico contigo; te cuento de mi dolor y aunque
2Do
me hagas feliz, no te lo digo y vuelvo a sentir
Do
tus besos, no importa que estés tan lejos.
2Do   Do
El cielo empieza a clarear y mis ojos se
2Do   Do
llenan de sueño; contigo voy a soñar, porque quie-
2Do
ran o no, yo soy tu dueño; y siempre tendré tus
Do
besos, no importa que estés tan lejos.
2Do   Do 2Do Do

José Alfredo Jiménez

LA ENRAMADA

Las flores y la lluvia me acompañan,
Sol   Si-   Do
en mis horas de nostalgia y de tristeza;
                    2Re   2Sol
me arrebata el pensamiento la distancia,
        Sol   Si-   Do
para hacer de mi vida una pavesa.
        2Re   2Sol

Ya la enramada se secó, el cielo el
            La-   2Sol
agua le negó; así tu altivo corazón no
            Sol   La-   2Sol
me escuchó, como ave errante viviré, bus-
        Sol   2Do   Do
cando alivio a mi dolor con la añoranza
Do-   Sol   2Sol
de tu amor, yo viviré.
                Sol Re# Sol

Graciela Olmos

116

LA FERIA DE LAS FLORES

Me gusta cantarle al viento, porque vue-
Re   2Re   Sol
lan mis cantares y digo lo que yo siento por
2Re   Re   2Re
toditos los lugares; aquí vine porque vine, a la
Re
feria de las flores, no hay cerro que se me
2Re
empine, ni cuaco que se me atore.
Re

En mi caballo retinto, he venido de muy
2Re   Sol   2Re
lejos y traigo pistola al cinto y con ella doy
Re   2Re
consejos, atravesé las montañas pa'venir a ver
Re
las flores: aquí hay una rosa huraña que es la
2Re
flor de mis amores. Aunque otro quiera cor-
Re
tarla, yo la devisé primero y juro que he de
2Re   Sol   2Re   Re
robarla aunque tenga jardinero, yo la he de
2Re   Re
ver trasplantada en el huerto de mi casa; y
2Re
si viene el jardinero, pues a ver, a ver qué
pasa.
Re 2Re Re

                        Chucho Monge

LA NORTEÑA

Tiene los ojos tan zarcos la norteña de

Mi

mis amores; que se mira dentro de ellos, como

2Mi   La

si fueran destellos de las piedras de colores

2Mi   Mi

Cuando me miran contento, me parecen

2La

jardín de flores; y si lloran me parece que se

La   2Mi

van a deshacer, linda no llores.

           Mi

Verdes son, cual del monte la falda; ver-

2Mi

des son, del color de esmeralda; sus ojitos me

Mi   2Mi

miraron y esa noche me mató con su mirada.

                  Mi

Yo no sé lo que tienen tus ojos, si me ven

2La   La

con las luces del querer y si lloran me parece

                   2Mi

que se van a deshacer, linda no llores.

                        Mi 2Mi Mi

Vigil y Robles

LA NEGRA NOCHE

La negra noche tendió su manto, surgió
Sol
la niebla, murió la luz y en las tinieblas de
2Sol   Do
mi alma triste, como una estrella brotaste tú.
2Sol   Sol
Ven e ilumina la árida senda por donde

vaga loca ilusión; dame tan sólo una esperanza
2Do   Do   Do-   Sol
que fortifique mi corazón.
2Sol   Sol
Como en las noches, nace el rocío y en las
2Sol   Sol
jardines, nace una flor; así en mi alma, niña ado-
2Sol   Sol   2Sol
rada nació mi amor.
Sol
Ya veo que asoma tras la ventana, tu ros-
2Sol   Sol
tro de ángel encantador; siento la dicha, dentro
2Sol   Sol   2Do   Do
de mi alma no hay tinieblas, ya no hay tinie-
Do-   Sol   2Re
blas, ya salió el sol.
2Sol   Sol

Emilio D. Uranga

LAS GOLONDRINAS

Vinieron en tardes serenas de estío,
Re-   2Re-   Re-
cruzando los aires con vuelo veloz
        2Fa   Fa
y en tibios aleros formaron sus nidos,
        2Re-   Re-
sus nidos formaron, piando de amor.
        2Re-   Re-
¡Qué blancos sus pechos! sus alas qué
                2Fa
inquietas, qué inquietas y leves abriéndose
Fa   2Re-
en cruz y ¡Cómo alegraban las tardes aque-
Re-   La#   Re-
llas!, las tardes aquellas, bañadas de luz.
            2la   2Re-   Re
Así en la mañana jovial de mi vida,

vinieron en alas de la juventud amores y
                            2Re-
ensueños como golondrinas, como golon-
Mi-   2Re
drinas bañadas en luz.
                    Re
Mas trajo el invierno sus nieblas
                2Sol
sombrías, la rubia mañana llorosa se fue;
Sol   2la   2Re

120

se fueron los sueños y las golondrinas, y
Sol   2Re   Re
las golondrinas, se fueron también.
        2Re   Re La# Re

Ricardo Palmerín

EL GAVILAN POLLERO

Se llevó mi polla el gavilán pollero,
Do   2Do
la pollita que más quiero; que me sirvan
                    Do
otra copa cantinero, sin mi polla yo me
            2Do
muero.   Gavilán, gavilán, gavilán,
Do   2Do
te llevaste mi polla gavilán; si tú vuel-
                    Do   2Fa
ves mi polla para acá, yo te doy todito
            Fa   2Do
el gallinero.
    Do 2Do Do

Ventura Romero

LAS ALTEÑITAS

Vamos a Tepa, tierra soñada, donde
        Sol
la vida es un primor; allá me espera, mi cha-
        2Sol   Do
peteada, la única dueña de mi amor.
  2Sol   Sol
        Es tan bonita mi chaparrita, que

cuando va al templo a rezar, todos la llaman
        2Do   Do   Do-
la virgencita de la boquita de coral.
        Sol   2Re 2Sol Sol
        Qué lindas las mañanas cuando sale
            2Sol
el sol, así son las alteñas de este alrededor;
  Sol 2Sol   Sol
alegres y bonitas todo el tiempo están las
2Sol   Sol
lindas alteñitas de Tepatitlán.
2Sol   Sol
        En el potrero de los maizales, ten-

go un pedazo de jardín; como lo riego to-
            2Sol   Do
das las tardes, ya dió botones el jazmín.
        2Sol   Sol

Así le pasa a mi virgencita, cuando

le doy todo mi amor; ya le ha nacido la
2Do   Do   Do-
florecita que le robé del corazón.
   Sol   2Re   2Sol Sol
        Qué lindas las mañanas cuando
            2Sol
sale el sol, así son las alteñas de este
    Sol   2Sol
alrededor; alegres y bonitas todo el tiempo
       Sol   2Sol
están las lindas alteñitas de Tepatitlán.
   Sol   2Sol   Sol 2Sol Sol

José J. Espinosa

LAS MAÑANITAS

Qué linda está la mañana
Mi
en que vengo a saludarte;
2Mi
venimos todos reunidos,

con gusto a felicitarte.
Mi
El día que tu naciste,

nacieron todas las flores;
2Mi
y en las pilas del bautismo,

cantaron los ruiseñores.
Mi
Ya viene amaneciendo,
La
ya la luz del día nos dió;

levántate amiga mía,
2Mi   Mi
mira que ya amaneció.
2Mi   Mi
Quisiera ser solecito

para entrar por tu ventana
2Mi

y darte los buenos días
acostadita en tu cama.

    Mi
   Quisiera ser un San Juan,
quisiera ser un San Pedro
    2Mi
y venirte a saludar
con la música del cielo.
    Mi
   Ya viene amaneciendo,
    La
ya la luz del día....etc....

   De las estrellas del cielo
  Mi
tengo que bajarte dos;
    2Mi
una para saludarte,
la otra para decirte adiós.
       Mi
   Ya viene....etc....

Canción Popular

LOS GORRONES

En una fiesta de barriada muy po-
Sol

pof, no faltan los gorrones, se da uno cuenta
2Sol

que nadie los invitó, por múltiples razones;
Sol

se cuelan cuatro, cinco, seis o siete, o diez
2Do

o todo un regimiento y se dedican las bote-
Do   2Sol

llas a vaciar, en menos que lo cuento.
Sol

Pero eso sí, llegaron los gorrones, hay
2Sol   Sol

que esconder botellas y platones y si se po-
2Sol   Sol

ne usted en su casa a investigar porqué hay
2Do

tanto invitado, verá que tres los trajo aquél,
Do   2Sol

que aquellos seis son de Miguel y cien de un

diputado
Sol   Perdone ... ¿Quién lo invitó a usted..?

Yo soy amigo de la hermana de un
señor que no vino a la fiesta;...; Y Ud.?...
                    2Sol
"pus" yo soy cuate de un sobrino de Nabor,
que toca con la orquesta; a mí me dijo el
                    Sol
de la tienda ¡Vaya usté!...; Ay!... que va
                              ¡2Do
a estar rete-suave.... y este es hermano
            no   2Sol
de la criada que está aquí y hasta le dio
la llave.   Pero ahora sí, llegaron los go-
Sol   2Sol
rrones, hay que esconder botellas y platones;
Sol   2Sol   Sol
cuando en su casa nadie lo conoce a usted,
                                      2Do
la cosa es ya funesta; si quiere una copa
              Do   2Sol
beber, a sus gorrones diga usted: "Invíten-
me a otra fiesta."
            Sol
        Pero ahora sí, llegamos los gorrones,
                 2So   Sol
aquí voy yo vaciando botellones; yo soy amigo...
        2Sol   Sol

Salvador Flores Rivera

LIMOSNERO DE AMOR

Limosnero de amor me llaman,
Fa   *Sol-*
limosnero de amor yo soy;
  2Fa   *Fa*
fuiste muy canalla al abandonarme
     2la#   *1a#*
y tus labios mintieron
  la#-   *Fa*
cuando a mí me dijeron:
       2Do 2Fa
solo soy para ti.
    Fa

Implorando tu amor me dejas,
       Sol-
ya no puedo vivir sin ti;
  2Fa   *Fa*
te llevaste todo, me dejaste solo,
  2la#   *1a#*
desde entonces me llaman,
  la#-   *Fa*
desde entonces me llaman,
      2Do 2Fa
Limosnero de amor.
    Fa Do# Fa

Manuel Poumián

MÉXICO LINDO

Voz de la guitarra mía, al despertar la
Sol   2Sol   Sol
mañana; quiero cantar mi alegría, a mi tierra
2Sol   Do   2Sol
mexicana; yo le canto a sus volcanes, a sus pra-
Sol   2Sol   Sol
deras y flores, que son como talismanes del
2Sol   Do   2Sol
amor de mis amores.
                        Sol
México lindo y querido, si muero lejos de
                        2Sol
ti, que digan que estoy dormido y que me trai-
Sol   2Sol
gan aquí, que digan que estoy dormido y que
Sol   2Sol
me traigan a ti, México lindo y querido, si
              Sol   Do   2Sol   Sol
muero lejos de ti.
2Sol   Sol
Que me entierren en la sierra, al pie de
                        2Sol   Sol
los magueyales y que me cubra esta tierra,
                2Sol   Do   2Sol
que es cuna de hombres cabales.
                            Sol
México lindo y ..... etc .....

Chucho Monge

MARTHA

Linda flor de alborada, que brotaste del
La   Do#-   Si-   2La
suelo; cuando la luz del cielo, tu capullo be-
Fa#-   2La
saba, de las rosas encanto, el pensil te ama
Re Re-2La La   Do#-   Si-   2La
tanto; que ya loco de amor siente celos del
Fa#-   La   Mi
ave, del aire y del sol.
2Mi   2La

Martha, capullito de rosa, Martha, del jar-
La   Do#- La   Do#-   Si-   2La
dín linda flor; dime qué feliz mariposa, en tu
Si-   La BTS-2Si   Si-
cáliz se posa a libar tu dulzor.
2Mi   2La

Martha, en tus claras pupilas, brilla
La   Do#- La   Do#-   Si-   2La Si-
una aurora de luz; Martha, en tus ojos azules,
2La   La   2Re-   2Re   Re
de inefable candor, veo en ellos amor.
Re-   2La   La Fa La

Moisés Simons

MI DESTINO FUE QUERERTE

Ay, que suerte tan negra y tirana es
Re   2Re
la mía, al haberte encontrado a mi paso una
Re
vez; tan feliz y contento que sin ti vivía,
2Re   2Re-
cuando yo ni siquiera en tu nombre soñé.
        2Re   Re

Hasta que una mañana fatal de mi vi-
        Sol   2Re
da, el destino te enviara mi suerte a cambiar;
                                        Re
al instante sentí que tu imagen querida ya
                                    2Re
jamás de mi mente se habría de borrar.
                                Re

Tiempo aquel tan alegre de mi primave-
                        2Re   Re
ra, cuando ni una tristeza mi vida manchó;
                                      2Re
cuántos años pasaron cual dulce quimera,
                                2Re-
cuando ni un desengaño mi dicha empañó.
            2Re   Re
Si el destino fatal me persigue y me
        Sol
guía, encamina mi senda donde haya dolor;
2Re   Re

si el amarte es tan sólo continua agonía,
                                        2Re
yo maldigo la vida y maldigo el amor.
                                  Re
    Yo no sé qué misterio se encierra en
                              2Re
tu vida, que jamás he podido tu amor com-
  Re
prender; yo ya tengo mi fe y mi esperan-
  2Re
za perdidas, aunque jures mil veces que
     2Re—   2Re
me has de querer.
          Re
    Para qué me creí de tus besos de fue-
      Sol   2Re
go, para qué me creí de tus besos de amor;
                                      Re
si en tus labios me diste el veneno malevo,
                                  2Re
yo maldigo mi suerte, y maldigo tu amor.
                                  Re2ReRe

        Salvador   Barraza

132

MARCHITA EL ALMA

Marchita el alma, triste el
Do
pensamiento, mustia la faz y herido el
2Do   Re-   2Do
corazón; atravesando la existencia
Do   2Fa
mísera, sin esperanza ya; sin esperan-
Fa   Fa-   Do   2Sol
za de alcanzar su amor.
2Do   Do

Yo quise hablarle y decirle
2Do   Re-
muchas cosas, pero al intentarlo, mi
2Do   Do   2Do
boca enmudeció; nada le dije, porque
Do   2Fa
nada pude, ¡pues era de otro ya!; ¡pues
Fa   Fa-   Do
era de otro ya! su corazón.
2Sol   2Do   Do Sol# Do

Manuel M. Ponce

MARIA ELENA

Vengo a cantarte, mujer,
Re   Sol   Re
mi más bonita canción;
2Re   Re
porque eres tú mi querer,
              Sol   Re
dueña de mi corazón;
2Re   Re
no me abandones, mi bien,
2Si   Si-
pues eres tú mi querer.
2La   2Re

Tuyo es mi corazón,
                    Re
¡Oh!, sol de mi querer;
                    2Re
mujer de mi ilusión,
Mi-   2Re
mi amor te consagré;
                    Re
Mi vida la embellece
            2Re   Re
una esperanza azul,
        Fa#-   Mi-
mi vida tiene un cielo
      2Re

134

que le diste tú.
     Re

    Tuyo es mi corazón,

¡Oh!, sol de mi querer;
         2Re

tuyo es todo mi amor,
Mi-   *2Si*

tuyo es mujer.
      Si-

    Ya todo el corazón
     Sol   *Sol-*

te lo entregué;
    Re

tú eres mi fe, eres mi Dios;
   Mi-   *2Re*

tú eres mi amor.
       Re La#Re

Lorenzo Barcelata

N O

No, porque tus errores me tienen c.
Do   La-

sado; porque en nuestras vidas ya todo .
Do   La-

pasado, porque no me has dado ni un po
   Do   Fa

de ti.
2Do   No, porque ya en tus be.
                     Do   La-

no encuentro dulzura; porque tus reproc.
            Do   La-

me dan amargura, porque no sentimos lo
             Do   Fa

mismo que ayer.
        2Do

Te digo que no, porque ya no extra
           Fa   Fa-

como antes tu ausencia; porque ya disfru
                 Do BTS=2Re-

aun sin tu presencia, ya no queda esencia
        Re-   2Sol

amor de ayer.
      2Do   No, no, no, aunque me
                     Do

raras que todo ha cambiado, para mí lo nue.
                 La-   Do

ya está terminado, no me pidas nunca que
        La-   Fa

va jamás.
   Do Sol# Do   Armando Manzanero

136

NI QUE SI, NI QUIZÁ, NI QUE NO

Hace tanto tiempo que te estoy rogan-
Re-   Sol-
do, hace tanto tiempo que te estoy pidien-
              2Re-   Re-
do que me des un poco de tu dulce aliento,
          2Sol   Sol-
y tú no me dices: ni que sí, ni quizá, ni que
          Re-   2la   2Re-
no.   Cómo he de poder seguir
Re-

ahogado en llanto que tú me ocasionas por
          Sol-   2Re-
quererte tanto; sigue sin piedad, sin compa-
      Re-   2Sol
sión callando, ya que no me dices: ni que
      Sol-   Re-
sí, ni quizá, ni que no.
2la   2Re-   Re-
          Si me dijeras que sí, calmarías esta
                        Sol-   2Re-
pena por ti; si acaso dices que no, seguiré
      Re-   2la   la#
con mi amargo dolor.
              2Re-
          Hace tanto tiempo que estoy diva-
      Re-
gando, con la fiebre intensa de este cruel
Sol-   2Re-

137

tormento; sigue sin piedad sin compas.
Re-   2Sol
callando, ya que no me dices: ni que si,
Sol-   Re-   2la
quizá, ni que no, ni que sí, ni quizá, ni que
2Re-   Re-   2la   2Re

Los Panchos

N E N A

Nena, dame un besito de tu boca; de
Mi   Do
boquita que provoca, dame un besito sabro
2Mi
Nena, si tú me quieres yo te juro: mi
Do
razón es sólo tuyo, yo te daré todo mi am
2Mi   A
Nena, eres bonita y eres buena; por es
2Do#   Do#-
eres la primera, te entregaré mi corazón.
2Si   2Mi
Nena, bonito sol de primavera; mi co.
Mi   Do
zón se desespera, si tú le niegas tu calor.
2Mi   Mi 2A

Manuel Jiménez

NEGRA CONSENTIDA

Noche, noche, te llama el amor; noche,
Do   La-   2Do   Do

noche, tú eres una flor; que en la noche a la
La-   2Do   Do   Re-   2Do

flor, le canta el trovador.
Do   Re-   2Do

Negra, negra consentida, negra de mi
Do   La-

vida; quién te quiere a ti?; mira, mi alma
Do   2Do   Re-   2Do

adolorida, negra de mi vida y es solo por ti.
Do   2Sol   2Do

Negra, negra consentida, negra de mi
Do   La-   Do

vida, calma mi penar; mira, que mi pecho
2Fa   Fa   Fa-

amante, está rebosante de felicidad.
Do   2Sol   2Do   Do 2Do Do

Joaquín Pardavé

NADIE

Abriste los ojos, con el suave ritmo
Do
que hay en tus pestañas; y aunque de tus la-
2Do   Re-   2Do
bios escuché un "Te quiero", sé que tú me enga-
Do
ñas; no temas que rompa la leyenda frágil de
2Fa
tus amoríos; que al fin tus pesares y tus
Fa   2Sol
sinsabores, también fueron míos.
2Do

Nadie puede inspirar lo que tú inspi-
Do   2Do
ras, nadie puede expresar lo que tú expre-
Re-   2Do   Do
sas; nadie puede mirar como tú miras,
2Fa   Fa
y nadie, pero nadie, besará como tú besas.
2Sol   2Do   Do

Agustín Lara

OJOS TAPATIOS

No hay ojos más lindos en la tierra mía,
La   2La   La
que los negros ojos de una tapatía; miradas
          Re   Re-   2La
que matan, ardientes pupilas, sombra cuando
                              La
duermen, luz cuando nos miran.
Re   Re-   2La
      En noche de luna, perfume de azahares,
                  Si-   2La   La
en el cielo estrellas y tibios los aires y tras
              Si-   2La   La
de las rejas, cubiertas de flores, la novia que
        Si-   2La   La   Fa#-
espera, temblando de amores.
La-   2Mi   2La
      Y al ver esos ojos que inquietos esperan,
          La   Si-   2La
apagan sus luces las blancas estrellas; los aires
              La
esparcen aromas mejores, y todas las aves sus-
  Si-   2La   La
piran de amor.
Si-   2La   Por una mirada de tan lin-
                                  La   Si-
dos ojos, estrellas y flores padecen enojos; los
    2La   La
aires suspiran, el cielo se apaga y en el alma
            Si-   Re   La
vaga la queja de amor.
2Mi   2La   La 2La La
                            José F. Elizondo

141

O D I A M E

Odiame por piedad, yo te lo pido, ódiame
Mi-   2Mi   Mi- 2La
sin medida ni clemencia; odio quiero más que
           La-   2Sol
indiferencia, porque el rencor hiere menos que
   Sol   2Mi
el olvido.
  Mi-   Si tú me odias, quedaré yo
                     2Sol
convencido que me amaste, mujer, con insis-
   Sol   2Sol
tencia; pero ten presente de acuerdo a la expe-
Sol   2Mi
riencia, que tan sólo se odia lo querido.
Mi-   La- 2Mi   Mi-
    Qué vale más: yo niño, tú orgullosa, o va-
                  2Mi   Mi-
le más tu débil hermosura; piensa que en el
  2La   La-
fondo de la fosa, llevaremos la misma vestidu-
        Mi-   2Mi   Mi-
ra.
           Si tú me odias quedaré yo
                   2Sol
convencido, que me .... etc...
  Sol

Rafael Otero

OBSESION

Por alto esté el cielo en el mundo, por
La- *2La*
hondo que sea el mar profundo; no habrá una
La- *2La* *La-*
barrera en el mundo que mi amor profundo
2Do *Do* *Re-* *La-*
no rompa por ti.
2La *La-*

Amor, es el pan de la vida, amor es la
2La *La-*
cosa divina; amor es un algo sin nombre, que
2La *La-* *2Do* *Do* *Re-*
obsesiona al hombre por una mujer.
La- *2La* *La-*

Yo estoy obsesionado contigo y el mun-
2Do *Do*
do es testigo de mi frenesí; por más que
2Do *Do* *2Do*
se oponga el destino, serás para mí, para mí.
Do *2Mi* *2La*

Amor, es el pan de la..., etc....
La-

Pedro Flores

143

POR TI APRENDI A QUERER

Con la esperanza de un dulce amor, se abrió

Re-
a la vida mi corazón y en las cenizas de mis

2Re-
tristezas, como un ensueño, como una flor; un

Re-
nuevo canto brotó en mi ser y con locura te amé,

2Re-   Re-
mujer.   Por tu dulce mirar, mujer ideal,

2Fa   Fa   La#
2Re-
yo soy feliz; por ti aprendí a querer con todo

2Re   Mi-
el fuego de mi ser, mi alma renació con la ilu-

2Re   Re
sión de un nuevo sol; que tu imagen me dió, con

Fa#-   Mi-   2Re
su carita de arrebol.   Dulcísima mujer, tus

La#   2Re   Re
ojos son una canción, rosal en floración que per-

2Re   Mi-
fumó mi corazón; ven a mis brazos que te espe-

2Re   eSi   Sol   2Mi
ran sólo a ti, por ti mujer ideal, solo por ti, yo

Mi-   Re   2La
soy feliz.

2Re   Re La# Re

Lorenzo Barcelata

PEREGRINA

Peregrina, de ojos claros y divinos y meji-
Mi-   2la   1a-   2Mi
llas encendidas de arrebol; mujercita de los la-
                            Mi-   Re
bios purpurinos y radiante cabellera, como el sol.
        Do   2Mi   Do   2Mi
Peregrina, que dejaste tus lugares, los abe-
        Mi-   Re
tos y la nieve, y la nieve virginal; y viniste a
        Do   2Mi   1a-
refugiarte en mis palmares, bajo el cielo de mi
                            Mi-
tierra, de mi tierra tropical.
2Mi   Mi-
las canoras avecillas de mis prados, por
            2Sol   Sol
cantarte, dan sus trinos si te ven; y las flores,
    2Do   Do   2Mi
de nectarios perfumados, te acarician y te
                        Mi-
besan en los labios y en la sien.
2Mi   Mi-
Cuando dejes mis palmares y mi tierra, pe-
                2la   1a-
regrina, del semblante encantador; no te olvides,
    2Si   2Mi   1a-
no te olvides de mi tierra; no te olvides, no te
                        Mi-   2Mi
olvides de mi amor.
            Mi-
                    Ricardo Palmerín

PELEA DE GALLOS

A la feria de San Marcos, del merito
Re-   *2Re-*
Aguascalientes, van llevando los valientes con
Re-   *2Fa*
su gallo copetón; y lo traen bajo del brazo
Fa   *2Re-*
al solar de la partida, pa' jugarse hasta la
Re-
vida con la fe en un espolón.
2Re-   *Re-*
        ¡Linda la pelea de gallos con su público
                                          2Re-
bravero!, con sus chorros de dinero y los gritos
Re-   *2Fa*
del gritón; retozándonos el gusto con tequila
Fa   *2Re-*
y cantadoras, no se sienten ni las horas que
Re-   *2Re-*
son puro corazón.
                    Re-
        ¡Ay, fiesta bonita!, hasta el alma grita;
2Fa   *Fa* *2Fa*   *Fa*
con todas sus fuerzas: ¡ Viva.... Aguascalien-
2Fa   *Fa*
tes...! que su feria es un primor.
              2Fa   *Fa*
        Ya comienza la pelea, las apuestas ya
        Re-   *2Re-*

casadas, las navajas amarradas centelleando
Re-   2Fa
bajo el sol; cuando sueltan a los gallos tem-
Fa   2Re-
blorosos de coraje, no hay ninguno que raje
Re-   2Re-
para darse un agarrón.
Re

Con las plumas relucientes y tirando pi-
2Re-
cotazos, quieren hacerse pedazos pues traen
Re-   2Fa
ganas de pelear; en el choque cae el giro so-
Fa   2Re-
bre el suelo, ensangrentado, ¡Ha ganado el
Re-
colorado, que se pone ya a cantar!.
2Re-   Re-
¡Ay, fiesta bonita!...hasta....etc....
2Fa   Fa   2Fa

Juan S. Garrido

PAJARO AZUL

Tengo un pájaro azul dentro del alma,
Mi   *2Mi*   *Mi*
un pájaro que canta y que solloza; y que siempre
           2Mi   *Fa#-*
en mis noches de infinita calma, es como
    2Mi   *Mi*   *2Si*
una esperanza milagrosa, ; Ese pájaro
          2Mi   *La*
azul, es el cariño!.
  2Mi   *Mi*

Ese pájaro azul es el cariño, que yo

siento por ti, mas no te asombre; fue mi
                  Fa#-   *La*
anhelo más grande cuando niño, y se ha
      La-   *Mi*   *2Si*
vuelto dolor hoy que soy hombre.
          2Mi

¡ Ese pájaro azul, es el cariño!
  La   *2Mi*   *Mi* *2Mi* *Mi*

Pepe Domínguez

QUE SABES TU

Qué sabes tú de amor, qué sabes de
La-   Fa   2La
cariño; si llevas en el alma la huella del
La-   2Re-
destino, qué sabes del dolor, también
Re-   2Do
del sufrimiento; si ya no puede amar, tu
Do   La-   Fa
corazón deshecho.
2La   La-

La vida quiso darte todas sus triste-
2Do   Do
zas, y en ti dejó grabado por siempre
2La   Fa
el desengaño; rompiendo despiadada to-
2La   Re-
da la belleza que dio a mi corazó..
La-   2La#
aquel amor de antaño.
2La   La- 2La La-

Hnos. Martínez Gil

QUE TE HA DADO ESA MUJER

Que te ha dado esa mujer, que te tiene
Sol
tan engreído, querido amigo; querido amigo,
2Sol   Do   2Sol
yo no sé lo que me ha dado.
Sol

Cada que la veo venir, se agacha y se
Sol
va de lado, querido amigo; querido amigo, más
2Sol   Do   2Sol
valía mejor morir.
Sol

Hace cuatro o cinco días que no la mi-
2Sol   Sol
ro, que no la miro, sentadita en su ventana;
2Sol   Sol
lo que no le dije hoy, ai se lo diré maña-
2Sol
na, querido amigo; querido amigo, más va-
Do   2Sol
lía mejor morir.
Sol 2Sol Sol

Gilberto Parra

QUIERO MAS

Cuando estoy a tu lado y me miras, y
  Mi   Sol#-   Mi
me besas y me haces vibrar, te perdono tus
           Sol#-   Fa#-   2Mi
viejas mentiras, porque tus caricias me ha-
La   2Mi   La   2Mi
cen olvidar.
    Mi

Aunque sé que tus besos me ma-
                    Sol#-   Mi
tan, y aunque sé que tu amor es mi mal;
              2La   La
tus caricias de fuego me encantan, quiero
   La-   Mi
más, quiero más, quiero más.
2Si   2MI   Mi Do Mi

Gabriel Ruíz Galindo

QUISIERA SER

Quisiera ser el primer motivo de tu

Mi
vivir; estar en ti, en la misma forma que

Sol#-

Fa#-   2Mi
estás en mí.

Mi   Representar en tu vida

el sol, la emoción, la fe; y esa ilusión de

2Si   2Mi   La
amor que se siente una sola vez.

La-   2Mi
   Quisiera ser como la canción que te

Mi
gusta más; y así poder estar en tus la-

Sol#-   Fa#-   2Mi
bios y en tu soñar.

La

   Tu humilde sombra o el libro aquel;

La-
que te acompaña desde tu niñez; eso y

Mi BTS- 2Fa#
mil cosas, tuyas mi vida, quisiera ser.

Fa#-   2Mi   Mi Do Mi

Mario Clavel

152

RIO COLORADO

Hermosa claridad que resplandece, en
Do   Fa   2Do   Do
esta hermosa noche de ilusión; es la luna bella
2Do   Do   Fa
que aparece, besando los cristales del balcón.
2Do   Do   2Do   Do

Detrás de ese balcón duerme mi amada,
Fa   Do
soñando sus quimeras con rubor; mientras que
Fa   2Sol   2Do   Do
mi alma enamorada, llora con la ausencia de
Fa   2Do   Do   2Do
tu amor.   Cuando te levantes del que-
Do   Fa
branto y mojada encuentres una flor; es que
Do   2Do   Do
la regué yo con mi llanto, porque estoy tan
Fa   Do   2Do
lejos de tu amor.
Do   Mientras que las nubes
                              Fa
en el cielo, ya se van tiñendo de carmín; duer-
Do   2Do   Do
me, niña, duerme sin recelo, que velando estoy
Fa   Do   2Do
cerca de ti.
Do Sol# Do
                    G. González

153

ROSA

Mi vida, triste jardín, tuvo el
La-   Re-   La- Re-
encanto de tus perfumes y tu carmín;
La-   Fa   2La   La-
brotaste de la ilusión, y perfumaste
     2Do   Do   Re-   La-
con tus recuerdos mi corazón.
    2MI   2La   La- 2Do
Rosa deslumbrante, divina rosa
    Do
que encendió mi amor; eres en mi vi-
             2Do Re- 2Re- Re-
da, remedio de la herida que otro amor
  2Sol
dejó.
  2Do
Rosa palpitante, que en un ins-
    Do
tante mi alma cautivó; rosa, la más her-
    2Fa   Fa   Fa-
mosa, la primorosa flor que mi ser per-
Do   2Sol   2Do
fumó.
Do Sol# Do

Agustín Lara

RAYANDO EL SOL

Rayando el sol, me despedí;
Do   2Do   Do
bajo la brisa, "allí" me acordé de ti,
2Do
llegando al puente.
       2Do   Do

Del puente me devolví, baña-
      2Fa   Fa
do en lágrimas; las que derramé por
   2Do
ti.   Qué chulos ojos los
Do   2Do
que tiene esa mujer; bonitos modos,
                Do   2Do
los que tiene pa' querer; que por ahí di-
                    Do
cen que a mí me robó el placer;¡Ay!
       2Fa   Fa
qué esperanza que la deje de querer.
       2Do   Do 2Do Do

Manuel Hernández

RAYITO DE LUNA

Como un rayito de luna, entre la selva
La   Si-   2La
dormida; así la luz de tus ojos ha iluminado
La   Si-   2La
mi pobre vida, tú diste luz al sendero en
La   Si-
mis noches sin fortuna, iluminando mi cielo,
2La   La   2Re   Re
como un rayito claro de luna.
            2La   La

Rayito de luna blanca, que iluminas mi
            2Fa#
camino; así es tu amor en mi vida, la verdad
Fa#-   2Mi
de mi destino, tú diste luz al sendero en
          2La   La   Si-
mis noches sin fortuna, iluminando mi
      2La   La   2Re
cielo, como un rayito claro de luna.
Re   2La   La Fa La

Chucho Navarro

"Los Panchos"

156

RENUNCIACION

No quiero verte llorar, no quiero ver que
Re   2Re   Re
las penas se metan en tu alma buena por culpa de mi querer; no quiero verte sufrir, no soy
        2Re   Sol   2Re
capaz de ofenderte, si sabes que hasta la muerte juré ser sólo de ti.
                    Re
        Si no encontraste ternura en mi alma, si
                Sol
sólo penas te causo yo, me voy mi vida de tu
    2Re   Re   2Sol
presencia aunque me duela el corazón.
    Sol   2Re   Re   2Re   Re
        Yo siempre fui lo que soy, jamás te dije
                    2Re   Re
mentiras y puse a tus pies mi vida, sin ninguna condición; si tú lo quieres, mi amor, me voy
        2Re   Sol   2Re
de ti para siempre, dejando un beso en la frente como postrer bendición.
                    Re
        No habrá reproches de parte mía, sólo me
                Sol
importa que seas feliz; ya ves que todo te di en
    2Re   Re   2Sol

157

la vida, mi pobre vida, mi pobre vida, que es
  Sol   2Re   Re   2Re
para ti.
   Re 2Re Re

Antonio Valdez Herrera

R I V A L

    Rival de mi cariño, el viento que te besa;
   Mi-   2Mi   Mi-
rival de mi tristeza, mi propia soledad, no quie-
2La   La-   2Mi   Miro que te vayas, no quiero que me dejes; me due-
        2Mi   Mi-   2La
le que te alejes, y que no vuelvas más.
     La-   2Mi
    Mi rival es mi propio corazón por traicio-
            Mi   Sol#   Mi
nero, yo no sé cómo puedo aborrecerte si tanto
Fa#- 2Mi   La   2Mi
te quiero; no me explico por qué me atormenta
Mi   2La
el rencor, y no sé, cómo puedo vivir sin tu
    La   La- Mi   2Si   2Mi
amor.
  Mi Do Mi

Agustín Lara

SIN TI

Sin ti, no podré vivir jamás, y pensar
Sol   Si-   Mi-
que nunca más, estarás junto a mí; sin ti,
Sol   2Sol   La-
que me puede ya importar; si lo que me ha-
2Sol   Do
ce llorar está lejos de aquí.
2Sol   Sol
Sin ti, no hay clemencia en mi dolor;
Si-
la esperanza de mi amor, te la llevas al fin,
Mi-   Sol   2Do   Do
sin ti, es inútil vivir, como inútil será
Do-   Sol BTS: 2La   La-
el quererte olvidar.
2Sol   Sol Re# Sol

Pepe Guízar

SE ME HIZO FACIL

Se me hizo fácil borrar de mí
Do
memoria, a esa mujer, a quien yo amaba
2Do
tanto; se me hizo fácil secar de mí
Do   2Fa
ese llanto, ahora la quiero cada día más
Fa   Fa-   Do   2Do
y más.
Do

La abandoné porque me fué pre-
2Do
ciso, así abandono a la mujer que a mí me
Do   2Do
ofende; voy a buscar otro amor que me
Do   2Fa
comprenda, la otra la olvido cada día más y
Fa   Fa-   Do   2Do
más.
Do 2Do Do

Agustín Lara

160

¿SABES DE QUE TENGO GANAS?

¿Sabes de qué tengo ganas?, de perderme
en esta noche y entregarme a tu cariño; ¿sabes de qué tengo ganas?, de acostarme en este martes y levantarme el domingo.

¿Sabes de qué tengo ganas?, de que el sol salga de noche, del amor hacer derroche, hasta hacerte enloquecer; de adorarte sin medida, aunque después de esos días, pasen dos o tres semanas, sin mirarnos otra vez.

No me niegues lo que pido, quiero ser feliz contigo; entregarme a tu cariño, entregarme sin medida.

¿Sabes de qué tengo ganas?, de que el sol salga de noche, del amor.....etc.....

Salvador Vázquez

161

SILVERIO

Mirando torear a Silverio, me ha salido de
Mi
muy dentro lo gitano de un cantar; con la gargan-
Fa   Mi
ta sequita, muy sequita la garganta, seca de tan-
Fa
to gritar.   Silverio, Silverio Pérez; dia-
Mi   2Do   Do
mante del redondel, tormento de las mujeres; a
Re-   Fa   2La
ver quién puede con él.
Fa   2La
        Silverio, torero estrella, el príncipe mila-
La   2La
gro de la fiesta más bella; Carmelo que está en
La   2Do
el cielo, se asoma a verte torear, monarca del
Do   Fa   2La
trincherazo, torero, torerazo, azteca y español;
La   2La   La
Silverio, cuando toreas no cambio por un trono
2La   La   2La
mi barrera de sol.
La 2La La

                    Agustín Lara

SEGUIRE MI VIAJE

Ya todo lo llenas tú, yo no soy nada en
Do   2La
ti, y te voy a dejar; al fin tú eres feliz, ni
La-   2Fa   Fa
lo vas a notar.
2Fa   Fa
     Soy dolor que nunca te ha dolido, soy
                Fa-   2Do   Do
amor que a fuerza se ha metido; soy una sim-
BTS. 2Re-   Re-
ple comparsa y por eso me voy.
     2Sol   2Do
    No sufriré tu altivez, aunque puedas
    Do   2La
vivir con el mundo a tus pies, si mi más
  La-   2Fa
grande amor tan pequeño lo ves.
    Fa   2Fa   Fa
     Me haces menos y ese es mi coraje,
              Fa-   2Do
y si no te gusta lo que traje, ¡adiós!, que
Do BTS. 2Re-   Re-
de algún modo seguiré mi viaje.
    2Sol   2Do   Do Sol# Do

Alvaro Carrillo

TEQUILA CON LIMON

Traigo música en el alma, y un cantar
    Mi
aquí en el pecho; un cantar que me desgarra
    La   Mi
cuando lo echo con amor; lo aprendí por esos
              2Mi   La
campos, con heridas de barbecho; con tajadas
2Mi   Mi
de machetes y vibrar de guitarrón.
    La   2Mi   Mi
    Lo aprendí por el palenque, apostando a

un gallo fino y me siento suficiente pa'cantar-
    La   Mi
lo por aquí; al orgullo de Jalisco, lo nombraron
        2Mi
mi padrino; y no tiene más ahijados, porque ya
La   Mi   La   2Mi
me tiene a mí.
        Mi
    Sangre brava y colorada, retadora como
                                  2La
filo de puñal es la sangre de mi raza, soña-
              La   2Mi   Mi
dora y cancionera; sangre brava y peleonera,
2Mi   Mi   2Mi   Mi
valentona y pendenciera como penca de nopal.
    La   2Mi   Mi

A las patas de un caballo juego
siempre mi dinero; y si algunas veces
     La   Mi
fallo, me desquito en un albur.
                2Mi
   Traigo siempre a flor de boca la
tonada que más quiero y pa'ver a quien
          Mi
le toca, y pa'echarla a su salud.
 La   2Mi   Mi
   Sangre brava y colorada, retadora
                  2La
como filo de.....etc.....

     Manuel Esperón y
       Luis Cortázar

TUS OJOS VERDE MAR

Son tus ojos verde mar, dos
 Mi
gotitas de agua clara; pedacitos de
 Fa#-2Mi Fa#-
cristal, de verde luz que iluminó tu
 2Mi
cara.
 Mi

 Naufragué en el verde mar

luminoso de tus ojos; pero al fin pude
 Fa#-2Mi
alcanzar la playa ardiente de tus la-
 Fa#- 2Mi
bios rojos.
 Mi

 Verde mirar en mi vivir; verde
 La- Mi La-
mirar er mi esperanza.
 Mi

 Son tus ojos verde .....etc....

 Gonzalo Curiel

TE VOY ENSEÑAR A QUERER

Hazme un verso cerca de una rosa, mi-
La   *2La*   *Si-*
ra el cielo al atardecer; piensa mucho en lo que
2La   *La*   *2Re- 2Re*   *Re*
te digo corazón, pues te quiero y te voy a
Re-   *La*   *2La*
dar mi amor.
La

Cada noche cuenta las estrellas, son
2La   *Si-*
los besos que te quiero dar; una de ellas la
2La   *La*   *2Re- 2Re*
que más tú quieras alcanzar, me la traes y yo
Re   *Re-*   *La*
te volveré a besar.
2La   *La*

Te voy enseñar a querer, cariño de mi
Si-   *2La*   *La*
corazón; te quiero y te adoro mi amor, y quie-
2La   *La*
ro tus besos sentir; tus ojos los quiero mirar
2Re-
muy cerca de mi corazón; te voy enseñar a
2Re   *Re*   *2La*
querer y a entregarme tu amor.
Si-   *2La*   *La Fa La*

Laura Gómez Llanos Barroso

TE VENDES

Te vendes, quién pudiera comprar-
la   Si-   2La
te; quién pudiera pagarte un minuto de
            2Mi   2La
amor; los hombres no saben apreciarte ni
La   Si-   2La   La
siquiera besarte, como te beso yo.
        2Mi   2La

La vida, la caprichosa vida, convir-
        2Re   Re
tió en un mercado tu frágil corazón, y tú
La   2Mi   2La
te vendes, yo no puedo comprarte; yo no
    Si-   2La   La BTS. 2Si
puedo pagarte ni un minuto de amor.
        Si-   2La   La Fa La

Agustín Lara

TE TRAIGO SERENATA

La noche ya dormida despierta con mi
Mi   2Mi
canto, y en su negro manto recoge mi voz;
Mi   2Mi
con ecos de mi vida que dejo en tu regazo,
                        La   2Mi
junto con pedazos, junto con pedazos de

mi corazón.   Te traigo serenata amor
          Mi   2Mi
de mi vida, te traigo a tu ventana canciones
        Mi
bonitas; te traigo en estas notas suspiros del
  2Mi   Fa#-
alma, las penas amargas se alejan de mi.
2Mi   Mi
        Escucha las guitarras que cantan con
                        2Mi
ellas, las luces que engalanan el cielo de
  Mi
estrellas; no dejes que me vaya sin darme
  2Mi   La
un besito, y muy despacito, me digas
        Mi   2Si   2Mi
que sí.
    Mi 2Mi Mi

                Ignacio Jaime

TE HE DE QUERER

Te he de querer, te he de adorar, aunque
Do   2Do   Do
le pese al mundo; si se enojan porque te amo,
Mi-   Re- 2Do   Re-   2Do
más adrede lo he de hacer.
                   Do

Te he de querer, te he de adorar, que nos
              2Do   Do 2Fa
puede suceder; ¿qué admiración les causa que
      Fa   Fa-   Do
yo quiera a esa mujer?.
  2Do   Do

Te lo digo y te lo cumplo, el no abando-
                   2Do
narte nunca; te lo digo y te lo cumplo, el no
Do   2Do
amar a otra ninguna.
        Do

Te he de querer, te he de adorar, ¿qué
              2Do   Do ¿ 2Fa
nos puede suceder?;¿qué admiración les causa
        Fa ¿ Fa-   Do
que yo quiera a esa mujer?.
  2Do   Do 2Do Do

Alfonso Esparza Oteo

TU SIGUES SIENDO EL MISMO

Si supieras que hace mucho que deje yo
Mi
de quererte, y pensar que algún día juré
La
amarte hasta la muerte; pero ahora me
2Mi
arrepiento de haber perdido el tiempo.

Que sufrí para olvidar tus besos, que me
Mi   2Do#   Do-#
tuve que ir muy lejos; y ahora que me miras,
Fa#-   2Fa#   Fa#-   2Mi
¿me preguntas que si te quiero?... ya no te quier
Mi   2Si   2Mi   Mi
Te quise mucho, cuánto te quise, que ahora
2Mi   Mi
el que amo contigo tiene un parecido; pero
2Mi   Mi
distinto en sentimientos, porque él es bueno
2Mi   Mi   2Si
y tú sigues siendo el mismo.
2Mi   Mi
Yo te quise como a nadie y jamás lo he
negado, pero ahora es muy distinto, él me ama
La
y yo lo amo; el ya sabe que te quise y tambié
2Mi

171

que te he olvidado.

Que sufrí para olvidar tus besos, que
Mi   2Do#   Do#-
me tuve que ir y muy lejos; me enseñó
Fa#-   2Fa#   Fa#-   2Mi
también a perdonarte y a quererlo como
              Mi   2Si   2Mi
lo quiero.
Mi
Te quise mucho, cuánto te quise, ahora
      2Mi   Mi
el que amo contigo tiene un ....etc...
2Mi

Juan Gabriel

UN RAYITO DE SOL

Un rayito de sol por la mañana, filtra
La- 2La La-
sus oros, por la enredadera; se quiebra en el
2Do Do Re-
cristal de tu ventana y matiza tu hermosa ca-
La- Re-
bellera, un rayito de sol por la mañana.
2La La- 2La La

Mi alma que vive errante y soñadora,
Si-
viviendo en pos de una visión lejana; quiere
2La La BTS:2Si
llegar a ti como la aurora, como un rayo de
Si- 2La
sol por la mañana, como un rayo de sol por
La 2La
tu ventana.
La 2La La

Guty Cárdenas

USTED

Usted es la culpable de todas mis an-
Re
gustias, de todos mis quebrantos; usted llenó
2Re
mi vida de dulces inquietudes y amargos de-
Mi-   2Re
sencantos.   Su amor es como un gri-
Re
to que llevo aquí en mi sangre y aquí en mi

corazón; y soy aunque no quiera, esclavo de sus
2Re   Mi-
ojos, juguete de su amor.
2Re   Re
No juegue con mis penas, ni con mis sentimientos, que es lo único que tengo; usted es
2Re
mi esperanza, mi última esperanza, comprenda
Mi-   2Re
de una vez.
2Mi   Usted me desespera, me
Mi-
mata y me enloquece; y hasta la vida diera
Sol-   Re BTS: 2Mi   Mi-
por vencer el miedo, de besarla a Usted.
2Re-   2Re   Re La# Re

Gabriel   Ruíz

UN MADRIGAL

Qué bonito es el sol de mañana, al
Do   2Fa   Fa
regreso de la capital; ¡Ay! qué linda se
2Do   Re-   2Do   Do
ve mi Susana cuando va corriendo por
                      Fa
entre el trigal.
2Do   Do

Ya se ve la barranca y el puente, y
             2Fa   Fa
mi perro me viene a encontrar; el arado se
2Do   Re-   2Do   Do
queda pendiente, porque ya los bueyes no
                    Fa
quieren jalar.
2Do   Do

La humareda de mi jacalito, ya se ex-
      2Fa
tiende por todo el trigal; y en el fondo se
             Do   Fa
ve el arroyito, que todas las tardes me
   Do   2Do
suele arrullar.
Do 2Do Do

Ventura Romero

UN POCO MAS

Un poco más y a lo mejor
Re-   2Re-
nos convencemos luego, un poco más,
2Re   Re-   Sol-
que tengo aroma de cariño nuevo;
2Sol   Sol-
volvamos al camino del amor,
2Fa
no importa lo que tenga que olvidar;
Fa   Re-
si vamos a sufrir por un error
2La
es preferible un ruego.
Sol-   2Re-

Un poco más, será un alivio
Re-   2Re-
para dos fracasos y si te vas, llévate
2Re   Re-   Sol-
al menos mis cansados brazos;
2Sol   Sol-
al fin que ya te di: mi cariño, mi fe,
2Fa   Fa
mi vida entera; y si no te la llevas,
Re-   2La
qué me importa, que se queden afuera.
2Re-   Sol-   Re-

¿Por qué te vas, mi bien?
Sol-
tan de prisa no gozas mi agonía;
2Fa   Fa   Re-
si la noche se espera todo el día,
2La   2Re-
espera tú también.
Re- 2Re- Re-

Alvaro Carrillo

UN MINUTO DE AMOR

Hay un solo corazón que ha de quererte
Do   Mi-
más, encuentre o no razón; hay para que-
Sol-   2Re   Re- Fa Fa-
rerte a ti, un solo corazón y yo lo tengo aquí.
Do   2Sol 2Do   Do
Muchos siglos de dolor y muchos de
Mi-
penar, me amenazan caer; y es que me
Sol-   2Re   Re- Fa Fa-
amenazas tú, con no quererme dar tu vida
Do   2Sol 2Do
y tu querer.
Do
Hay un solo corazón, que
Mi-   2Mi
llegaría al sacrificio por ti; si tú le dieras
Mi-   2Fa
un minuto de amor, lo dejarías tan feliz.
Fa   2Re-   Re-2Do
Un minuto de tu amor, yo sé que mi
Do   Mi-
canción te lo puede robar; un minuto de
Sol-   2Re   Re- Fa Fa-
tu amor, con siglos de dolor te lo puedo
Do   2Sol   2Do
pagar.
Do Sol# Do

Alvaro Carrillo

178

UN VIEJO AMOR

Por unos ojazos negros,
Sol
igual que penas de amores;
2Sol
hace tiempo tuve anhelos,
Do   2Sol
alegrías y sinsabores.
Sol
Y al dejarlos algún día,

me decían así llorando:
2Do   Do
no te olvides, vida mía,
Do-   Sol
de lo que te estoy cantando.
2Re   2Sol   Sol
Que un viejo amor,
2Sol
ni se olvida ni se deja;
Sol
que un viejo amor, de
2Sol
nuestra alma sí se aleja,
Sol
pero nunca dice: ¡Adiós!
2Sol   Sol

¡ Un viejo amor !
  2Sol   Sol
   Ha pasado mucho tiempo

y otra vez aquellos ojos
                    2Sol
me mataron con desprecio,
       Do   2Sol
fríamente y sin enojo.
            Sol
   Y al notar ese desprecio

de ojos que por mi lloraron,
      2Do   Do
pregunté si con el tiempo
       Do-   Sol
sus recuerdos olvidaron.
   2Re   2Sol   Sol
   Que un viejo amor,
              2Sol
ni se olvida ni..., etc...

Alfonso Esparza Oteo

VEREDA TROPICAL

Voy por la vereda tropical, la noche lle-
Do   Re-   2Do
na de quietud, con su perfume de humedad;
de la brisa que viene del mar, se oye el ru-
                                        Do
mor de una canción, canción de amor y de
              Re-
piedad.   Con ella fuí noche tras no-
      2Do
Do   Re-   2Do
che hasta el mar, para besar su boca fresca
              Do   Re-   2Do
de amar; y me juró quererme más y más y no
      Fa   Re-
olvidar jamás, aquellas noches junto al mar.
      Fa   2Do
Hoy, sólo me queda recordar, mis ojos
Do   Re-
mueren de llorar y mi alma muere de esperar;
              2Do   Do
¿por qué se fue?, tú la dejaste ir, vereda tro-
      Fa 2Do Do   2Do
pical; hazla volver a mí, quiero besar su boca
Do   Fa 2Do Do   2Do
otra vez junto al mar. ¡Vereda Tropical!
              Do   2Do   Do Sol# Do

Gonzalo Curiel

VERACRUZ

Yo nací con la luna de plata y nací
Mi-   2Mi   Mi-
con alma de pirata; he nacido rumbero y
2Mi   Mi-   2Sol
jarocho, trovador de veras y me fuí le-
                    Sol   2Mi
jos de Veracruz.
            Mi

Veracruz, rinconcito donde hacen sus

nidos las olas del mar; Veracruz, pedacito
                    2Mi   Fa#-   2Mi
de patria que sabe sufrir y cantar; Vera-
                                Mi
cruz, son tus noches diluvio de estrellas
    2La
palmera y mujer, Veracruz, vibra en mi
            La   La-
ser, algún día hasta tus playas lejanas
Mi   2Si   2Mi
tendré que volver.
            Mi Do Mi

Agustín   Lara

VOLVER, VOLVER

Este amor apasionado, anda muy albo-
Re
rotado por volver; voy camino a la locura y
2Re
aunque todo me tortura, sé querer.
Re

Nos dejamos hace tiempo, pero me lle-

gó el momento de perder; tú tenías mucha
2Sol   Sol   2Re
razón, le hago caso al corazón y me muero
Re   2La   2Re
por volver.
Re

Y volver, volver, volver, a
2Re
tus brazos otra vez; llegaré hasta donde es-
Re
tés, yo sé perder, yo sé perder; quiero vol-
2Re
ver, volver, volver.
Re 2Re Re

Fernando Z. Maldonado

VOY A APAGAR LA LUZ

Voy a apagar la luz para pensar en ti,
Do   Mi-   Re-
y así dejar volar a mi imaginación;
          2Do   Do
allí donde todo se puede, donde no hay
              2Fa
imposibles...; qué importa vivir
   Fa   2Sol
de ilusiones si así soy feliz.
                  2Do

Cómo te abrazaré, cuánto te besaré,
Do   Mi-   Re-
mis más ardientes anhelos en ti realizaré;
                 2Do   2Fa
te morderé los labios, me llenaré de ti, pero
Fa   Fa-   Mi-
voy a apagar la luz, para pensar en ti.
Fa   2Sol   2Do   Do Sol# Do

Armando Manzanero

VIVE

Nada te llevarás cuando te marches,
La   **2La**   **Fa#-**
cuando se acerque el día de tu final;
Re   **2La**
vive feliz ahora mientras puedes, tal vez
Re   **2La**   **La**
mañana no tengas tiempo para sentirte despertar.
      Fa#-   **2La**

    Siente correr la sangre por tus venas,
   La   **2La**   **Fa#-**
siembra tu tierra y ponte a trabajar; deja volar
Re   **2La**   **Re**
libre tu pensamiento, deja el rencor para otro
2La   **La**
tiempo y echa tu barca a navegar.
Fa#-   **2La**

    Abre tus brazos fuertes a la vida,
    Re   **2La**   **La**
no dejes nada a la deriva, del cielo nada te
              Re
caerá; trata de ser feliz con lo que tienes, vive
2La **Re**   **2La**   **La**
la vida intensamente, luchando lo conseguirás.
    Fa#-   **2La**   **La**
    Y cuando llegue al fin tu despedida,
         2La   **Fa#-**

seguro es que feliz sonreirás; por haber
Re   2La   Re
conseguido lo que amabas, por encontrar
   2La   La
lo que buscabas, porque viviste hasta el final
           Fa#-   2La
        Abre tus brazos fuertes a la ..., etc...
     Re   2La

José María Napoleón

D E L I R I O

Si pudiera expresarte cómo es de inmenso
Mi-   La- 2Mi   Mi-
en el fondo de mi corazón, mi amor por ti; es a
             2Mi   Mi-   2Mi   Mi-
delirante, que abrasa mi alma; es pasión que
   2La   La-   2Si
atormenta mi corazón.
                    2Mi
      Siempre que estás conmigo, en mi tristeza,
Mi-   2Mi   Mi-   2Mi   Mi-
estás en mi alegría y en mi sufrir; porque en ti
                2Mi   Mi   La
encierra toda mi vida, si no estoy contigo mi b.
La-   Sol#-   Fa#-
no sé qué hacer; es mi amor delirio de estar con
   2Mi   Mi   La   La-   Sol#
y yo soy dichoso porque me quieres también.
        Fa#-   2Mi   Mi Do #

César Portillo de la Luz

186

XOCHIMILCO

Marchantita, "veaste" nomás la ma-

Sol

ñana qué bonita; cómo cantan los clari-

2Sol

nes, y como hay en los jardines floreci-

Sol

tas; pa'la reina, la reina de la creación

2Do

y la belleza; tan bonita, tan discreta, ¡ay!

Do   2Sol   Sol

qué bien le queda el nombre de Violeta.

2Sol   Sol

Florecitas, cortadas en la mañana fres-

Si-

quecitas; perfumadas y con el rocío bañadas,

La-   2Sol

pobrecitas; primavera, que llega en su traji-

Sol

nera engalanada, Xochimilco, Ixtapalapa,

2Do   Do   Do-   Sol

qué bonitas florecitas mexicanas.

2Re   2Sol   Sol 2Sol Sol

Agustín Lara

YO NO ME CASO COMPADRE

No, señor, yo no me casaré, así le dije al
La · · · · · · · · · · Re · · 2La
cura y así le dije al juez; ¡No, señor, yo no
· · · · · · · · · · · La
me casaré, estoy enamorado pero me aguantaré.
Re · · · 2La · · · · · · · · · · · · · · · · · · La
Yo no me caso compadre querido, porque

la vida es puro vacilón; no puedo hallar el
· · · · · · · · · · · 2La · · · · · · · · Si-
amor consentido que sea la dicha de mi corazón.
· · · 2La · · · · · · · · · · · · · · · · · · La
Por eso quiero pensar un poquito, pa'no

meter las cuatro patas de un jalón; al encon-
2Re · · · · · · · · · · · · · · · Re
trarme un amor le digo: véngase usted, y al
· · · 2La · · · · · · · La
rato digo que no, que no se puede y si me quie-
2La · · · · · · · · · · · La · · · · · · Re
re amarrar, le digo yo no podré; mejor se bus-
· · · · · · · · · · La · · · · · · · · · 2La
ca por ahí otro querer.
· · · La
No, señor, yo no me casaré, así le...etc...
· · · · · · Re

Sebastián Curiel

YO

Ando borracho, ando tomando, porque
Do
el destino cambió mi suerte; ya tu cariño
2Do
nada me importa, mi corazón te olvidó
pa'siempre.
Do   Fuiste en mi vida un

sentimiento que destrozó toditita mi alma;
2Do
quise matarme por tu cariño, pero volví a

recobrar la calma.
Do
Yo, yo que tanto lloré por tus besos,
Fa   2Do   Do
yo, yo que siempre te hablé sin mentiras,
Fa   2Do   Do
hoy sólo puedo brindarte desprecio, yo, yo
2Do
que tanto te quise en la vida.
Do
Una gitana leyó en mi mano que con

el tiempo me adorarías; esa gitana ha adi-
2Do
vinado, pero tu vida ya no es la mía.
Do

Hoy mi destino lleva otro rumbo,
tu corazón se quedó muy lejos; si
2Do
ahora me quieres, si ahora me extra-
ñas, yo te abandono pa'estar parejos.
Do

Yo, yo que tanto lloré por tus besos,
Fa   2Do   Do
yo, yo que siempre te hablé sin men-
Fa   2Do
tiras; hoy, sólo puedo brindarte despre-
Do   2Do
cios, Yo, yo que tanto te quise en la vida.
Do2DoDo

José Alfredo Jiménez

YA ES MUY TARDE

Ya es muy tarde para remediar todo
La-
lo que ha pasado, ya es muy tarde para
2La
revivir nuestro viejo querer; preferible
La-   2Re-
para ti que olvides el pasado, ya es muy
Re-
tarde si tratas de volver, eso no puede
La-   2Mi   2La
ser.
La- 2Do   En muchas ocasiones te busqué,
Do
a tus plantas de rodillas imploré; ya no
La-
insistas en reunir tu vida con la mía, ya
2Re-   Re-
es muy tarde si tratas de volver, resígnate
La-   2Mi   2La
a perder, ya es muy tarde si tratas de
La-   2Mi
volver, eso no puede ser. La- 2La La-
2La

Los Panchos

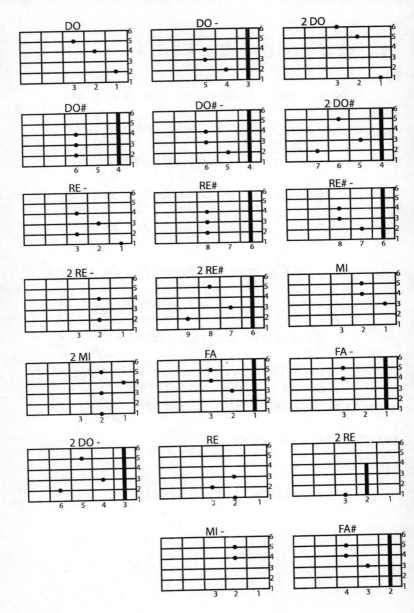

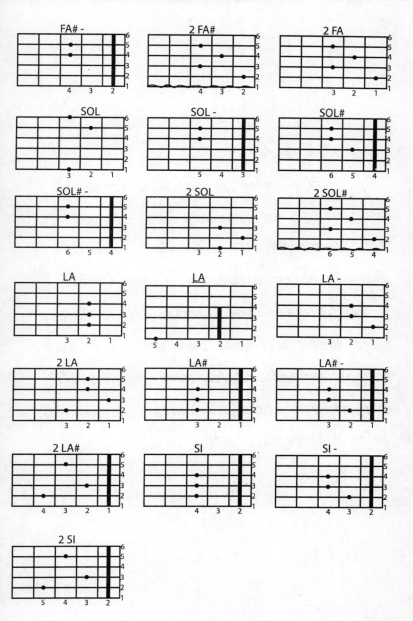

Amigo lector:

Si a usted le gusta la forma de armonía de las canciones que estamos presentando en este ejemplar, le sugerimos que obtenga nuestro "CURSO COMPLETO DE GUITARRA SIN MAESTRO", donde encontrará todas las formas para enriquecer sus acompañamientos tales como: adornos, ritmos, pasillos, pasos, disonancias, asonancias, bajos especiales,...etc....

Raúl Bonoratt

INDICE